교실에서 만나는
평화·통일교육 24가지 방법

교실에서 만나는
평화·통일교육
24가지 행복

한걸하늘

분단시대에서 평화시대로

2017년 전쟁 직전까지 갔던 한반도 정세는 2018년 평창동계 올림픽을 시작으로 3번의 남북정상회담과 최초의 북미 정상회담이 열리면서 중요한 변화가 일어나기 시작합니다. 2018년 변화의 모습은 학생들이 통일에 대해 높은 관심을 보이고 적극적으로 참여하는 모습에서도 느낄 수가 있었습니다. 그렇게 2018년은 냉전의 땅 한반도에 전쟁의 먹구름이 물러나고 평화의 바람이 일기 시작한 해가 되었습니다. 지금 남북관계, 북미관계에 답답함이 있지만 이는 꽃샘추위로서 한반도 평화의 봄을 막을 수는 없을 것입니다. 이제는 새롭게 열리는 평화의 시대에 맞는 평화 지향적인 교육이 필요합니다.

평화 · 통일교육 하기

2010년, 학교에서 진행되는 안보 중심의 통일교육이 평화 지향적인 교육이 되면 좋겠다는 생각을 갖고 시작한 평화통일 교육 활동이 올해로 어느덧 10년이 되었습니다.

진보 교육감의 당선으로 2010년 경기도 교육청에 〈유관기관 연계 평화통일 교육사업〉을 처음 제안하였을 때 출발이 쉽지는 않았습니다. "순진한 학생들에게 빨갱이 교육을 한다."며 연일 이 사업을 중단하라는 보수 단체의 민원이 끊이지 않았고, 보수적인 도의원의 사업 자료 제출 요청과 감사가 이어졌습니다. 이런 소란은 학교의 불안으로 이어져 "학생들에게 교육하지 말고 선생들

앞에서 먼저 수업을 해보라"는 학교도 있었습니다. 하지만 수업을 다 들은 선생님들의 의견은 "아무 문제없네."였습니다. 언론, 보수단체, 도의원 등의 사업 중단을 위한 전방위적인 방해가 있었지만 학교 현장에서의 높은 만족도로 사업의 규모는 계속 커 갔습니다.

어려운 환경 속에서도 평화 · 통일교육 사업을 계속 할 수 있었던 것은 학교 선생님들의 응원과 격려 그리고 학생들의 긍정적인 변화 때문이었습니다. "학생들보다 제가 더 수업에 집중해서 들었어요. 너무 고맙고 앞으로도 좋은 교육과 자료 공유를 부탁합니다."라는 선생님의 말 한마디가 우리에게는 큰 힘이 되었습니다. "통일에 대해서 아주 부정적이었는데 이 수업을 통해 통일이 꼭 필요하다는 생각을 갖게 되었어요."라며 감사의 손편지를 전해 준 학생들이 있었기에 긍지와 보람을 갖고 평화 · 통일교육을 계속 하고 있습니다.

경기평화교육센터는 평화를 지향하는 교육을 합니다. 전쟁의 위기가 반복적으로 일어나는 불안한 한반도가 아니라 항구적 평화가 있는 한반도를 만들기 위해 우리의 할 일을 찾아보는 교육을 하려고 합니다. 우리는 전쟁이 끝난 게 아니라 전쟁을 잠시 멈춘 비정상인 상태로 70년 가까이 살고 있습니다. 그러나 이 땅에 살고 있는 당사자인 우리는 이 비정상에 둔감하거나 순응하고 살고 있지는 않은지 되돌아보게 됩니다. 태어날 때부터 분단이었던 대부분의 시민들, 특히 학생들 중에는 오히려 통일이 번거롭고 불안한 것이 더 많으니 남북이 통일하지 않고 평화적으로 살면 되지 않나 라고 생각하는 학생들이 꽤 있습니다.

하지만 우리의 분단은 국제적 성격을 갖고 있기 때문에 분단인 상태로 남북이 평화롭게 지내기는 쉽지 않습니다. 주변국들은 우리를 그냥 놔두지 않습니다. 분단을 비정상으로 인지하고 비정상을 정상으로 돌리기 위한 의지와 역량을 키우는 평화 · 통일교육을 하려고 합니다.

경기평화교육센터는 학생 중심의 교육을 지향합니다. 학생들이 통일에 대해 관심을 갖고 긍정적 생각을 갖기를 바라지만 학생들에게 일방적으로 주입하거나 강요하지 않습니다. 그런 교육방식으로는 학생들의 생각을 본질적으로 바꿀 수 없기 때문입니다. 학생들이 직접 참여하고 활동함으로써 평화통일에 대한 자신의 생각을 갖기를 바랍니다. 또한 혼자가 아닌 모둠 활동 과정에서 또래와의 대화와 소통을 통해 학생들 스스로가 통일에 대한 긍정적 변화가 일어나길 원합니다. 평화·통일교육은 지루하고 재미없으며 나와 상관없는 것이 아니라 쉽고 재미있으며 나의 삶과 연관이 매우 많음을 학생들 스스로가 알게 하는 교육 방식을 지향합니다. 경기평화교육센터는 쉽고 재미있는 교육, 학생과 공감하는 교육을 위해 많은 활동 프로그램을 만들어왔습니다.

이 책에서 소개되는 평화·통일교육은 경기평화교육센터가 지난 10년의 교육과정에서 실제로 활용한 활동 프로그램들입니다.

우리는 선생님들이 이 책에 수록된 교육 내용을 수업에서 적극적으로 활용하길 바랍니다. 수업에 필요한 활동지 자료는 경기평화교육센터 '블로그'에도 있으니 참고하시면 됩니다. 쉽고 편하게 활용할 수 있게 하려고 신경은 썼으나 여전히 부족한 점이 많습니다. 너그러운 마음으로 양해 해주시기 바랍니다.

10년 동안 평화·통일교육안을 매년 새롭게 만들고 수정, 보완하는데 열정을 아끼지 않은 경기평화교육센터의 이상선 대표님을 비롯한 이사님들과 교육위원분들에게 감사의 인사를 드립니다. 이 분들의 열정 가득한 창작물들이 쌓이고 쌓여서 지금의 책을 낼 수 있었습니다. 그리고 책을 만들어보자고 처음 제안해 주신 황인성 전 대표님, 저희를 믿고 끝까지 출판할 수 있게 도움을 주신 유동걸 선생님, 인경화 선생님에게도 감사의 인사를 드립니다. 이외에도 책의 내용을 꼼꼼히 살펴보고 조언을 아끼지 않은 정인숙 선생님, 간우연 선생님, 이선진 선생님에게도 감사의 인사를 전합니다. 마지막으로 통일에 중독되었다며 아빠를 걱정하던 딸 유경이와 항상 격려와 응원을 해준 아내에게도 감사의 말을 전합니다.

　많은 분들의 격려와 성원에 힘입어 평화와 통일의 길에서 열심히 정진하겠습니다. 감사합니다.

　　2020년 6.15 남북공동선언 20돌 즈음에, 경기평화교육센터 사무처장 안영욱

조정아 (통일연구원 선임연구위원)

　나는 유신헌법이 통과되었던 해에 국민학교(지금의 초등학교)에 입학했다. 당시 나는 반공교육에 가까운 통일교육을 받았는데, 그 경험 중 지금도 뚜렷하게 떠오르는 것이 몇 가지 있다. 가장 선명한 기억은 남한에 침투한 북한의 '무장공비'에게 "나는 공산당이 싫어요"라고 외치며 저항하다가 무참히 살해당했다는 이승복 어린이에 관한 것이다. 어린 나에게 이승복 어린이 이야기는 꿈에도 나타날 정도로 무서운 것이어서, 북한과 북한사람에 대한 근원적 공포를 만들어내기에 충분했다. 또 한가지는 '반공포스터 그리기'와 '반공글짓기'의 참을 수 없는 지루함이다. 모범생이었던 나도 매년 반복되는 행사성 통일교육을 통해서 통일의 의미를 진지하게 고민하게 되었던 것 같지는 않다.

　현재의 통일교육은 내가 받았던 통일교육과는 크게 달라졌다. 북한에 대한 무의식적 공포를 조장하는 반공교육 대신 평화와 남북협력을 얘기하게 되었으며, 정해진 답을 강요하거나 일방적으로 지식을 전달하는 방식보다는 학생들이 자신의 일상 속에서 통일문제에 흥미를 느낄 수 있도록 하는 교육을 지향하고 있다. 이 책은 그러한 변화의 지점을 잘 보여준다.

　이 책은 경기평화교육센터가 지난 10년간 각급 학교에서 통일교육을 진행하면서 실제로 활용했던 프로그램들을 집대성한 책이다. 통일교육과 평화교육에 관심이 있는 학교 선생님들과 예비선생님들, 민간 영역에서 청소년들을 대상으로 통일교육과 평화교육을 진행하는 활동가분들, 특히 통일교육을 잘 하고 싶은 마음은 굴뚝같으나 어떻게 시작해야 할지 갈피를 못 잡고 계신 선생님들, 학생들이 통일교육 수업이 재미없다고 할까봐 두려운 선생님들, 그리고 통일교육이 필요한지에 대해 반신반의하는 선생님들께 이 책을 권해드린다.

그런 분들이 이 책을 읽고 활용하면 좋겠다고 생각하는 이유는 다음과 같다.

첫째, 이 책 안에는 통일교육을 재미있게 할 수 있는 방법들이 들어있다. 그 방법들은 내가 경험했던 통일포스터 그리기대회 같은 지루한 이벤트와는 다르다. 학생들이 가벼운 마음으로 통일에 대한 자신의 걱정이나 기대를 화살표 눈금 상에 표시하도록 하는 손쉬운 방법부터 '통일 만다라트 활동' 같이 학급 구성원들의 생각을 함께 모으는 방법, '퀴즈로 풀어보는 통일코리아'와 같이 북한이나 통일문제 관련 지식에 게임 형식을 결합시킨 다소 고전적인 활동, '한반도 퍼즐', '남북언어 빙고게임'처럼 사전지식이 없는 학생들도 흥미를 가지고 수업에 참가할 수 있도록 하는 방법들이 가득하다. 또한 이런 다양한 활동들이 통일, 북한, 분단이라는 세 주제로 나뉘어 체계적으로 제시되어 있어, 활동만 따라가다 길을 잃을 염려도 없다.

둘째, 이 책은 통일문제에 재미있게 접근하는 것을 넘어서 분단과 평화와 통일에 관한 소통과 성찰의 기회를 제공하는 통일교육이 어떤 것인지를 알려준다. 통일에 관해 교사가 가지고 있는 정답을 강요하지 않으며, 그렇다고 해서 통일을 게임의 소재로만 스쳐 지나가도록 놔두지도 않는다. 예를 들어 "우리 어떻게 통일할까?-신호등 토론"을 보자. 학생들이 고를 수 있도록 준비된 통일의 방법에 관한 가지각색의 답안지에는 흔히 생각할 수 있는 '협력에 의한 통일'이나 '흡수통일'뿐만 아니라 '무력에 의한 통일'과 '분단 유지'도 들어있다. 학생들은 기성세대 관점의 '정답'과는 거리가 먼 답을 선택하고 자신의 선택에 관한 주장을 펼칠 수 있다. 이 활동의 핵심은 다른 친구들의 주장을 들은 후에

"카드를 바꿀 기회"가 주어진다는 데 있다. 자신의 선택을 바꾸는 것은 다른 친구들의 이야기를 경청하고 그것을 자신의 생각과 비교하는 성찰의 과정을 거친 후에 이루어진다. 정답은 없지만, 학생들은 나와 다른 의견을 듣게 되고 자신의 생각을 되짚어볼 기회를 갖게 되며, 자신과 다른 사람의 차이를 인정하게 된다. 여기서 통일교육은 평화교육이 된다!

셋째, 이 책은 원칙만을 제시하는 뻔한 교본이 아닌 친절한 수업지침서이다. 생생한 현장경험을 담은 상세한 예시와 수업 사례는 다양한 프로그램들을 수업에 어떻게 적용해야 할지 난감한 선생님들에게 맞춤형 길잡이가 될 것이다.

마지막으로, 이 책이 나오기까지 통일교육 현장에서 애써오신 선생님들께 독자의 한 사람으로서 감사의 말씀을 드린다. 통일교육에 '중독된' 선생님들의 열의와 헌신이 이 책으로 결실을 맺었듯이, 이 책을 읽고 활용하시는 선생님들에 의해 더욱 좋은 통일교육 방법과 프로그램들이 개발되어 2탄, 3탄이 이어서 나오기를 기대한다.

김진향 (개성공업지구지원재단 이사장)

보는 것만으로도 흐뭇해지는 책을 한 권 받았습니다. 〈교실에서 만나는 평화·통일교육 24가지 방법〉이 더 없이 기쁘고, 마음이 충만해지는 것은 저만의 감정일까요? 진심으로 반갑고 고마운 책입니다. 학교 교육현장에서 우리 선생님들께서 직접 평화·통일교육을 진행할 수 있는 참 좋은 교재가 될 것 같습니다. 일선의 여러 선생님들을 만나서 통일교육과 관련한 고충을 나눴던 적이 있습니다. 그런데 가장 기본적인 문제가, 아이들에게 평화·통일교육을 하고 싶어도 정작 평화·통일교육을 가르칠 수 있는 제대로 된 교재조차 없다는 이야기를 참 슬프게 들었던 기억이 있습니다. 그렇습니다. 우리에게는 변변한 평화·통일교육을 위한 교재조차 없었습니다.

사실 정확히 이야기하면 분단체제는 통일교육을 구조적으로 하지 않았습니다. 오히려 통일교육을 금기시했죠. 참으로 당혹스러운 이야기입니다만 그것이 현실이었습니다. 대한민국 헌법정신에 '평화통일'을 상정해두고 있음에도 불구하고 정작 우리는 우리의 교육현장에서 평화도 통일도 온전히 가르칠 수 없었던 것이 바로 체제로서의 분단이었습니다. 분단은 국민 불행의 근원이자 물적 토대였습니다. 남북의 평화와 통일은 국민행복의 가장 확실한 조건입니다.경기평화교육센터의 수고와 더불어 책을 만들기까지 함께 해주신 선생님들께 깊은 경의를 표합니다. 교실에서 만나는 평화·통일교육 24가지의 다양한 활동 프로그램들은 일선 현장에서 오랜 시간 아이들과 나누었던 체험적 평화 · 통일교육의 소재들이기에 더욱 값진 내용으로 다가옵니다.

저는 평화 · 통일교육은 중요한 교육이 아니라 기본교육, 근본교육이라고 늘 이야기했습니다. 왜냐하면 통일교육은 한반도를 살아가는 우리 공동체의 근본을 아는 과정이고 평화교육은 분단 속에서 우리가 잃어버린 인간본성을 회복해가는 과정이기에 그렇습니다. 분단을 알아가는 과정은 거짓을 넘어 진실을 알아가는 과정입니다. 진 · 선 · 미의 가치규범과 윤리 · 도덕의 가치가 바탕이 될 때 비로소 온전한 공동체를 이야기할 수 있습니다. 그래서 평화 · 통일교육은 남과 북의 문제를 넘어 분단이 체제적으로 우리 사회에 강요한 반이성, 몰가치, 불합리, 반민주, 반공동체의 총체적 비정상들을 정상으로 만들어가는 과정이기에 그렇습니다.

〈교실에서 만나는 평화 · 통일교육 24가지 방법〉 저부터 꼼꼼히 다시 보겠습니다. 평화와 통일의 가치들이 더욱더 크게 고양되는 과정에 이 소중한 책이 함께 했으면 합니다. 다시 한 번 고맙고 감사합니다. 진심으로 추천합니다.

곽노현 (전 서울시 교육감, 사단법인 교육공동체 징검다리 이사장)

　오랜 시간 우리의 교육은 민주시민의 성장을 돕기보다, 국가에 충실한 국민을 길러내기 바빴습니다. 학교 운동장에서 '교련'이라는 이름으로 모의 군사훈련을 하거나 '체육'시간에는 군대와 같은 행진 훈련을 했습니다. '통일 교육'은 남과 북이 하나가 되어야 한다고 하면서도 북에 대한 공포심과 증오심을 키우는 것에 주력했습니다.

　우리 사회가 민주화와 남북 화해의 길을 걸어오며, 앞의 수업 모습은 이제 옛일이 되었습니다. 그러나 여전히 평화 · 통일교육은 당위를 앞세우는 도덕 · 윤리 교육에서 벗어나지 못해, 학생들이 분단과 통일의 문제를 자신의 삶의 문제로 받아들이지 못하는 경우가 많습니다. 삶과 결합된 교육, 학생을 배움의 주체로 세우는 학생중심 교수 · 학습 방법 등 혁신 교육 10년의 과정에서 해왔던 노력은 평화 · 통일교육에도 당연히 필요합니다.

　경기평화교육센터의 〈교실에서 만나는 평화 · 통일교육 24가지 방법〉은, 그러한 노력을 볼 수 있는 책입니다. 자칫하면 지식과 정보 제공 중심이 되거나 교사의 일방적인 수업이 될 수 있는 내용들을 학생들과 함께 만들어가는 수업이 될 수 있도록 지난 10년 동안 노력해온 흔적들이 고스란히 담겨 있습니다.

　책에는 초등 저학년부터 고등학생까지 학생들과 함께 할 수업 내용과 활동이 다채롭게 소개되어 있습니다. 특히 청소년들이 시민성을 키워나갈 토론 수업들을 유심히 살펴보았습니다. 통일로 인한 경제적 부담, 다른 제도와 문화로 인한 갈등 등 부정적이고 걱정스러운 요소까지 모두 꺼내 놓고 이야기를 나눌 수 있게 하는 통일에 대한 걱정과 기대 '만다라트' 활동, 통일의 방법에 대한 '신호등 토론'과 '화백회의'는 당위적인 정답을 강요하지 않고 학생들의 비판적 사고 과정을 촉진하는 활동으로 돋보였습니다.

비단 평화통일뿐만 아니라, 학생들이 다양한 사회의 의제를 생각해보고 토론할 수 있는 기회가 확장된다면 학생들은 자신의 주권을 책임감 있게 사용할 시민으로 성장할 것입니다.

학교의 담장이 너무 높아 지역 사회와 분리되어 있는 것에 비판과 성찰의 목소리가 존재했습니다. 혁신교육은 마을 속의 학교, 지역 안의 학교로 학생들의 배움을 확장하며 민주시민으로 성장할 기회를 확대해 나가고 있습니다. 어쩌면 경기평화교육센터가 교실에서 학생들과 다양한 시도를 할 수 있었던 것도 혁신교육과 멀리 떨어진 일이 아닐 것입니다. 평화통일 교육이 꾸준히 변화를 시도하고 학생들의 민주시민역량을 강화하는 역할을 하기 위해, 학교의 울타리를 넓혀 학교와 학교 밖이 협력을 강화해야 할 것입니다. 이 책이 그 협력을 강화하고 교실에서 청소년들이 주체가 되어 평화와 통일을 이야기할 수 있는 디딤돌이 되면 좋겠습니다.

차 . 례

1장 통일의 기대와 걱정

1) 북측 이미지로 알아보는 통일의 기대와 걱정

'장님 코끼리 만지기'라는 속담이 있습니다. 앞을 잘 못 보는 시각장애인들이 코끼리의 일부를 만져보고 코끼리를 '벽이다, 나무다, 줄이다'라고 외치면서 자기가 아는 코끼리가 진짜라고 주장하지요. 불교 열반경(涅槃經)의 맹인모상(盲人摸象) 우화에서 비롯된 이 속담은 어떤 사실의 일부분만 알면서도 전체를 아는 것처럼 여기는 어리석음을 비꼬는 뜻으로 주로 사용되고 있습니다. 이 말은 우리 사회의 모습을 보여주는 말이지만 특히 북에 대해서는 정확한 표현입니다. 북에 대한 사실적 정보가 부족한 남쪽 사람들에게 북은 장님 앞 코끼리와 다를 바가 없기 때문입니다.

국민의 알 권리를 충족시켜주어야 하는 공적인 언론 기관조차도 진실한 모습을 보여주기보다는 왜곡되거나 잘못된 사실을 퍼뜨릴 때가 많습니다. 그래서 여기저기 뿌려진 단편적인 이미지로 북의 실체를 오해하기 일쑤입니다.

북을 생각하면, 어떤 이미지와 단어가 가장 먼저 떠오를까요?

이 활동은 북에 대한 이미지를 학생들이 서로 어떻게 생각하는지, 그리고 그 이미지가 통일에 긍정적인지 부정적인지 알아보는 활동으로 단순히 통일의 찬반을 묻는 활동이 아닙니다. 예를 들어 같은 단어를 적더라도 학생들에 따라 통일에 대해 긍정 또는 부정의 정도가 다양하게 나올 수 있습니다.

활동이 끝나면 통일에 대한 걱정과 기대를 한눈에 알아볼 수 있습니다. 대부분 학생들의 북에 대한 이미지는 상당히 부정적입니다. 비난을 넘어 혐오발언까지 나오기도 합니다. 하지만 북의 부정적 이미지의 이유를 물어보면 대부분

학생들은 정확한 이유를 말하지 못합니다.

생각해보면 그동안 많은 매체가 보여준 북은 상당히 부정적이었습니다. 대표적으로 '대홍단 감자'를 부른 여자 아이는 노래를 웃기게 불렀다는 이유로 사형을 당했다고 알고 있습니다. 하지만 루머임이 밝혀졌음에도 여전히 친구들은 그렇게 알고 있습니다. 물론 남북의 분단이란 이유와 북측의 폐쇄적인 환경 또한 큰 원인입니다. 그러다보니 60~70년대 반공교육을 받았던 세대와 크게 차이가 나지 않습니다. 그동안 통일교육은 북을 안보의 대상이자 평화통일의 대상으로 규정하고 가르치고 있습니다. 하지만 이 말을 학생들에게 어떻게 설명을 해야 할까요? '옆에 있는 친구는 미래에 너에게 큰 도움이 될 수 있는 친구이기도 하고 너를 위험에 빠지게 할 수 있는 친구야. 그러니 잘 지내보렴.' 이라고 말하는 것과 비슷하지 않을까요?

👉☀ 활동은 이렇게

1. 포스트잇을 나눠주고 북측에 대해서 평소 가지고 있던 이미지 한 가지를 적게 합니다.

2. 칠판에 '통일의 걱정과 기대표'를 그린 뒤, 학생들이 단어를 적은 포스트잇을 '통일의 걱정과 기대표' 어딘가에 붙입니다.

통일의 걱정과 기대

←———————————————————→
-3   -2   -1   0   1   2   3

3. 붙인 포스트잇 내용을 확인하고 발표하면서 서로에 대한 생각을 나눕니다.

1단계

성인들은 어렸을 때 반공(反共) 교육, 즉 공산주의를 끔찍하게 미워하고 증오하도록 배웠습니다. 북은 세계에서 가장 강력한 공산주의 국가고 그래서 북측의 이미지는 주로 악마처럼 그려졌습니다. 조지 오웰이 쓴 동물농장의 포악한 동물처럼 그려지기도 하고 어린 학생을 무자비하게 죽이는 살인마의 얼굴로 다가왔습니다. 북에는 사람이 살지 않고 무서운 괴물들이 산다고 믿게 만들었지요. 얼굴이 진짜 빨갛게 생겨서 빨갱이라고 믿을 정도였으니까요. 남쪽 작가로 북측에 다녀온 황석영 선생님이 쓴 책의 제목이 오죽하면 '사람이 살고 있었네'였을까요? 그렇다면 지금 학생들의 대답은 어떨까요?

포스트잇을 나누어 줍니다. 나누어준 포스트잇에 평소 '북' 하면 생각나는 단어를 적습니다. 김일성, 김정일, 김정은, 리설주 등의 인물을 떠올리기도 하고 독재국가, 공산주의, 인권탄압을 적거나 탈북자를 적기도 합니다. 아오지 탄광이나 총살, 가난, 거지 등의 부정적인 단어를 적기도 하고요. 물론 핵이나 미사일 같은 무서운 무기를 적는 친구들도 있습니다.

2018년 남북정상회담 이후 평양이나 개성, 금강산, 백두산 등의 여행지나 평양냉면, 기차여행 등의 긍정적인 단어들이 나오기도 합니다.

2단계

학생들은 단어를 적은 종이를 '통일의 기대와 걱정표' 아래에 붙입니다. 긍정과 부정의 다양한 단어들은 통일을 기대하는 쪽에 붙이기도 하고 반대로 가기도 합니다. 예컨대 김정은 위원장을 쓴 학생은 김정은이 통일의 걸림돌이라 생각하여 걱정 쪽에 붙일 수도 있고 다른 학생은 김정은이 통일을 앞당기는데 큰 역할을 한다고 생각하여 기대 쪽에 붙이기도 합니다. 논란이 많은 핵무기도 마찬가지죠. 어떤 학생은 핵무기 때문에 남북 관계가 나빠지고 남쪽 국민들이 불안해한다고 생각하여 걱정 쪽에 두겠지만, 반대로 영화 〈강철비〉의 결말처럼 남북이 힘을 합쳐 핵무기를 가지고 나라를 지킬 수도 있다고 생각한 학생은 핵무기를 통일의 기대 쪽에 둘 수도 있습니다. 문제는 왜 그런 생각을 하느냐가 중요하지요.

3단계
학생들이 나와서 발표를 합니다.

학생1 : 저는 '가난'을 적었습니다. 얼마 전 텔레비전에 탈북자가 나와서 자신의 북측 생활을 이야기하는 것을 보았습니다. 북에서 배가 많이 고팠고 가족들이 힘들게 살았는데 남으로 오니 밥은 먹고 살고, 어느 정도 기본 생활을 할 수 있어 행복하다는 내용이었습니다. 저는 통일의 걱정 -3에 포스트잇을 붙였는데, 통일이 된다면 남북의 경제 수준 차이가 많이 나서 대한민국 사람들이 북측 사람을 먹여 살리는 걱정이 클 것 같습니다.

학생2 : 저는 '핵무기'를 적었습니다. 북은 뉴스에서 보면 늘 미사일 훈련, 핵 실험만 하는 것 같아요. 전쟁을 좋아하는 것 같기도 하고 북 때문에 전쟁 날까봐 걱정이 되어 핵무기를 -3에 붙였습니다.

학생3 : 통일되면 그 핵은 우리 것이 되어 더 힘이 세질 수 있으니 저는 긍정 쪽에 붙였습니다. 일본과 중국이 우리를 함부로 대하지 못할 거라고 생각해서 +2에 붙였습니다.

학생4 : 저는 '평양냉면'을 적었습니다. 남북정상회담에서 보니 평양냉면이 너무 맛있어 보여서 평양 원조집에서 먹고 싶어서 적었습니다. 그래서 +3에 붙였습니다.

그밖에도 학생들은 자기가 적은 단어들에 대해서 다양한 의견을 말합니다. 그런 의견들을 들으면서 요즘 학생들이 북에 대해서 얼마나 관심이 있는지, 혹은 무관심한지 알 수 있습니다. 혹은 관심이 있더라도 왜 그런 생각을 하는지 나누면서 통일의 기대감은 무엇이고 걱정은 왜 하는지 나눌 수 있습니다.

활동사진

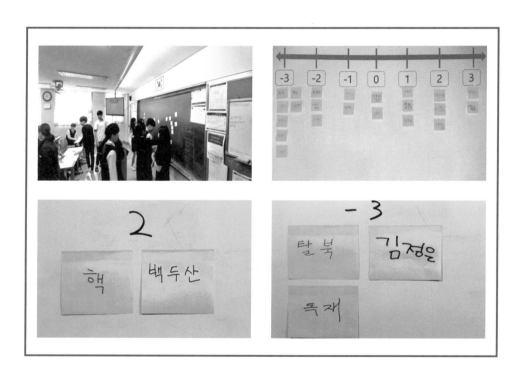

2) 통일 만다라트 활동

　통일을 이루고자 한다면 무슨 일을 가장 먼저 해야 할까요? 혹은 통일이 된다면 세상은 어떻게 바뀔까요? 상상만 해도 놀라운 변화가 일어날 것 같지 않나요? 이번에는 〈통일 만다라트〉라는 활동을 통해서 통일에 대한 상상의 날개를 활짝 펼쳐봐요.

　그런데 잠깐, 만다라트가 뭐냐고요?

　만다라트는 일본의 디자이너인 이마아즈미 히로아키가 1987년 발상한 기법으로 'manda+la+art'가 결합된 용어입니다. 여기서 manda+la는 '목적을 달성한다'라는 뜻이고 mandal+art는 '목적을 달성하는 기술'을 의미합니다. 만다라트는 3x3 매트릭스를 활용하여 자신에게 질문을 해가는 방식입니다.

　세계에 알려진 가장 유명한 만다라트는 일본 프로야구의 오타니 쇼헤이 선수가 고등학교 1학년 때 세웠다는 만다라트 목표 달성표로 내용은 아래와 같습니다. 오타니는 현재 미국 프로야구 LA 에인절스의 투수로 활약을 하면서도 타자로서의 역할도 훌륭해 둘을 겸업하는 놀라운 선수입니다.

　만다라트는 가운데 가장 중요한 핵심 목표를 설정하고 다음 목표를 이루기 위해 필요한 것들을 주변 네모칸에 채웁니다. 오타니의 제1목표는 8개 구단 가운데서 지명으로 1순위를 받는 것을 목표로 했어요. 그는 목표를 이루기 위해 '몸 만들기, 제구, 구위, 멘탈, 스피드, 인간성, 운, 변화구' 등 8가지가 필요하다고 보고 그 8가지를 실현하기 위해 각각에 대한 세부계획을 세웠습니다.

오타니는 '몸 만들기'에 대한 세부계획으로 '몸 관리, 영양제 먹기, FSQ(프론트 스쿼트, 근육 트레이닝) 90kg, 유연성, RSQ(로우바 스쿼트, 근육 트레이닝) 130kg, 스태미너, 가동역, 식사'를 꼽았습니다. 그는 '운'을 좋게 하기 위한 세부계획으로 '인사하기, 쓰레기 줍기, 부실 청소, 물건 소중히 쓰기, 심판을 대하는 태도, 플러스 사고, 응원 받는 사람이 되기, 책 읽기' 등을 적었습니다. 인생을 살아가면서 자기 운명을 스스로 만들고 개척하겠다는 의지가 돋보입니다.

오타니 쇼헤이가 하나마키히가시고교 1학년 때 세운 목표 달성표

몸관리	영양제 먹기	FSQ 90kg	인스텝 개선	몸통 강화	축 흔들지 않기	각도를 만든다	위에서부터 공을 던진다	손목 강화
유연성	몸 만들기	RSQ 130kg	릴리즈 포인트 안정	제구	불안정 없애기	힘 모으기	구위	하반신 주도
스태미너	가동역	식사 저녁7숟갈 아침3숟갈	하체 강화	몸을 열지 않기	멘탈을 컨트롤	볼을 앞에서 릴리스	회전수 증가	가동력
뚜렷한 목표·목적	일희일비 하지않기	머리는차 갑게심장 은뜨겁게	몸 만들기	제구	구위	축을 돌리기	하체 강화	체중 증가
핀치에 강하게	멘탈	분위기에 휩쓸리지 않기	멘탈	8구단 드래프트 1순위	스피드 160km/h	몸통 강화	스피드 160km/h	어깨주변 강화
마음의 파도를 안 만들기	승리에 대한 집념	동료를 배려하는 마음	인간성	운	변화구	가동력	라이너 캐치볼	피칭 늘리기
감성	사랑받는 사람	계획성	인사하기	쓰레기 줍기	부실 청소	카운트볼 늘리기	포크볼 완성	슬라이더 구위
배려	인간성	감사	물건을 소중히 쓰자	운	심판을 대하는 태도	늦게 낙차가 있는 커브	변화구	좌타자 결정구
예의	신뢰받는 사람	지속력	긍정적 사고	응원받는 사람	책 읽기	직구와 같은 품으로 던지기	스트라이크 볼을 던질 때 제구	거리를 상상하기

(출처 : 스포츠닛폰)

이렇게 만다라트로 꿈을 계획한 오타니는 목표를 세운 지 2년 만에 꿈을 이루었습니다. 2016년에 일본의 '괴물 투수'로 불리며 활약하다가 이젠 '꿈의 구장'으로 불리는 미국의 메이저리그에 진출해서 맹활약 중입니다.

이처럼 만다라트는 가운데 목표를 적은 다음에 바깥으로 실천방안을 적으면서 생각을 확장해나가는 활동입니다. 마인드맵을 응용한 방식으로 하나의 주제에 대해서 8가지의 생각을 적어내는 방식입니다. 중앙에 남과 북의 평화적 통일을 목표로 하고 통일을 이루기 위해서 어떤 과정이 필요한지 주변에 8가지를 적은 뒤에 구체적인 실천 방안을 계속 확장시켜 나가면서 적어보는 활동입니다.

하지만 통일에 대한 생각이 다양한 가운데 통일을 이루기 위한 목표를 적는 활동을 하기는 쉽지 않으니 걱정과 기대 거리를 생각해보는 활동으로 풀어 가면 좋습니다.

활동사례-1

1단계

만다라트 활동지를 준비합니다. 가운데 평화통일이라고 쓰고 평화통일을 이루기 위한 1차 목표를 학급 전체가 정합니다.(예 : 분단 아픔 인식, 도로 철도 개설, 북측 이해 등)

2단계

1차 목표를 채운 만다라트 활동지를 모둠 별로 나눈 뒤 세부내용을 모둠 토론을 통해서 정합니다. 그렇게 72칸의 내용을 모두 채우면 됩니다.

이산 가족	섬나라 한계	분단 비용	지하 자원 개발	운전 면허 단일화	유라시아 철도 계획	금강산 관광	문화 차이	월1회 정례화
휴전선 방문	분단 아픔 인식	군대 상황	남북 합동 조사	도로 철도 개설	경의선 개통	생존자 확인	이산가족 만남	면회소 설치
재일 조선인	사할린 동포들	전쟁 포로	출입 절차 완화	동해 북부선	철도 궤도 통일	상호 방문 추진	편지 교환	개성 연락소
백두산 기행	평양 냉면 맛보기	주체 사상 이해	분단 아픔 인식	도로 철도 개설	이산 가족 만남	한중 정상 회담	한미 관계 개선	한러 정상 회담
북측 영화 상영	북측 이해	북측의 역사	북측 이해	평화 통일	중립 외교	대일 관계	중립 외교	유엔 활용
북의 소설 읽기	북측말 배우기	북측 풍습 알기	평화 실현	정상 회담	남북 교류	중립 역사 공부	6자 회담 활용	외교술 공부
놀이 문화 나누기	군비 축소	군인 감축	직통 전화	도보 다리	정기적 만남	예술단 방문	학술 회의	남북팀 단일화
평화배 띄우기	평화 실현	이웃과 정 나누기	615 공동선언 공부	정상 회담	판문점 개통	상호 학교 방문	남북 교류	응원단 교류
해원 상생굿	NLL 합동 관리	공동 평화 선언	남북미 정상 만남	서울 방문	평양 방문	합동 공연	통신 개방	상호 초청 가능

1. 만다라트 활동지를 준비합니다. 가운데 평화통일이라고 적고 평화통일을 이루기 위해 어떤 일들을 해야 하는지 혹은 어떤 과정이 필요한지 주변에 작은 목표를 적어봅니다. 이 활동을 잘 하려면 우리 정부의 공식 통일방안이나 남북의 합의 사항을 미리 아는 것이 좋습니다. 사전에 이런 내용을 살펴보고 만다라트 활동을 하면 좋겠지만 그것이 어렵다면 2018년 4월 27일의 판문점 선언을 복사해서 나누어 주고 그 내용에서 찾게 됩니다.

2. 한 모둠에서 72칸의 만다라트를 전부 채우기는 쉬운 일은 아닙니다. 평소 통일 문제에 관심 갖지 않은 성인들에게도 쉽지 않을 것입니다. 교실에서 효과적으로 진행하기 위해서는 만다라트 활동을 약간 수정해봅니다. 먼저 칠판에

모둠 숫자대로 만다라트 1칸을 만듭니다. (교실에 7모둠인 경우 7개의 칸) 그리고 중앙에 평화통일이라고 적습니다. 아래 그림처럼 말이죠.

예시-1)

	평화통일	

3. 학급에서 평화통일을 이루기 위해 어떤 일들을 해야 하는지 혹은 어떤 과정이 필요한지 목표를 적어봅니다. 목표는 모둠 수에 맞게 정하면 됩니다. 학생들이 바로 떠올리기 쉽지 않으니 학급 전체가 함께 채워봅니다.

"서로를 알기 위해 자주 만나는 것이 필요해요."라고 발표하는 친구가 있어, 만다라트 첫 번째 칸에 '남북교류'라고 적습니다.

"남북이 자유롭게 왕래하려면 도로와 철도가 연결되는 것도 필요한 것 같아요"라는 의견은 '도로 · 철도 연결'로 적습니다. "이산가족이 상시적으로 만나는 걸 빼면 안 됩니다."라는 의견은 '이산가족 만남'으로 적습니다. 이렇게 모둠 수만큼 나온 의견을 적습니다. 이후 모둠별로 하나씩 맡아 각각의 목표를 실현시킬 수 있는 방안을 채워나갑니다.

1모둠은 남북교류에는 어떤 것이 가능할지 의견을 나눠봅니다. 방송에서 봤던 예술단 방문, 스포츠 관련 교류에 대해 이야기를 나누고 역시 가장 관심 있는 게임 교류 등으로 채워나갑니다.

예시-2)

남북교류 (1모둠)	도로 철도 연결 (2모둠)	이산 가족 만남 (3모둠)
북측이해 (4모둠)	평화통일	중립외교 (5모둠)
평화실현 (6모둠)	정상회담 (7모둠)	

예술단 방문	남북 게임교류	남북 단일팀
학교방문	남북교류 (1모둠)	응원단 교류
합동공연	상호 초청	홈스테이

4. 이렇게 모든 모둠의 활동지를 칠판에 붙이면 학급 전체의 만다라트가 완성이 됩니다. 만다라트를 채우기 위해 서로 의견을 나누는 과정을 통해 통일의 구체적인 방안에 대해서 생각해 볼 수 있습니다.

"우리 모두 리얼리스트가 되자. 그러나 마음속에 불가능한 꿈을 가지자."

쿠바 혁명의 주역인 체 게바라가 한 말이라고 하지요.

남북 분단의 현실을 돌아보면 평화통일의 꿈은 아직 멀기만 합니다. 하지만 여러 사람이 꿈을 꾸면 그 꿈이 현실이 된다고도 하지요. 모두의 마음속에 불가능한 꿈을 품고 그 꿈이 현실이 되는 날을 같이 만들면 좋겠습니다.

7.7	7.4	남북 기본 합의서	용어정리	한국계중인	국가 보안법 폐지	자유왕래	나무심기	도로연결
한반도 비핵화	남북 선언	10.4	북한이탈주민	남남갈등	가짜 뉴스 없애기	과학 기술	경제협력	관광산업
6.15	(평양 선언) 9.19	4.27	불신	조중동 없애기	수구 보수 제거	개성공단	철도연결	자원개발
평화협정	종전선언	UN사해체 (한반도)	남북선언	남남갈등	경제협력	위성자립	한미관계 평등화	지뢰제거
주한미군	미군철수	작전권 회수	미군철수	평화 통일	외교국방	무기감축	외교·국방	북미수교
미국 비핵화	미국 군산복합체	자주국방	평화 교육	교류협력	문화교류	북·일수교	국방비감축	군인수 감소
조기교육	재미 + 체험	통일방안	청소년	땅굴활용	이산가족	주거	옷	언어
교육대상 확대	평화교육	북맹 탈출	역사 (유적지발굴)	교류협력	스포츠	예절	문화교류	역사
안보→ 평화	다양성 교육	통일 인식	해율교류	영화	음악	명절	음식	전래놀이

3) 기차로 떠나는 세계여행

　휴가철이나 명절 연휴가 시작되면 뉴스에서는 공항장면이 나옵니다. '올해 해외여행 이용객 사상 최대 갱신'이란 앵커의 이야기도 나옵니다. 우리는 자연스럽게 해외여행을 간다고 하지만 언제부턴가 해외여행이란 단어가 이상하게 느껴졌습니다.

　언제부터였을까요? 생각해보면 2019년 2월 28일 북·미 정상회담 이후 시작된 것 같습니다. 김정은 국무위원장이 기차를 이용해 베트남에 가는 장면을 보면서 '왜 우리는 비행기를 타고 베트남에 가야하지?' 라는 생각이 들었습니다. 같은 한반도에 살고 있는 남과 북이지만 남측은 비행기를 이용해서 갈 수 있고 북측은 기차를 이용해서도 갈 수 있는 장면을 본 후, 우리에게 해외(海外)가 북측에는 외국(外國)이 된다는 사실을 깨닫게 되었고 해외여행이란 말이 낯설어졌습니다.

　〈논어〉에는 '정명(正名)'이란 단어가 나옵니다. 즉 이름을 바르게 하라는 뜻입니다. 해외를 한자로 적어보면 海外입니다. 바다를 건너서 가는 여행입니다. 반도국가인 한국에서 섬나라인 일본, 대만을 가거나 다른 대륙 국가를 가기 위한 여행은 해외여행이 맞습니다. 육로로 이어진 중국, 베트남, 러시아, 유럽 등 유라시아의 국가를 가는 여행은 해외여행이 아닌 외국여행 또는 국외여행이 바른 표현 즉 '정명(正名)'입니다. 그동안 우리는 무의식적으로 해외여행이란 단어를 사용했습니다. 반도 국가이지만 분단으로 인해 섬나라가 되어버렸기 때문에 한국을 벗어나기 위해서는 바다를 건너서 가는 방법뿐이었습니다.

남북의 평화가 시작되면 끊어진 길이 연결될 것입니다. 길이 연결 되면 비행기와 배만을 이용하는 여행이 아닌, 기차와 자동차를 타고 가는 여행도 가능해집니다. 분단으로 인한 섬나라에서 대륙과 연결되는 반도국가로 복귀하게 되는 것입니다.

이 활동은 통일로 인해 연결된 기차를 타고 외국으로 여행을 가는 상상을 통해서 통일의 장점을 알아보는 활동입니다.

분단되기 전 서울역은 국제역이었습니다. 서울역에서 기차를 타고 중국, 러시아, 유럽 등으로 갈 수 있다는 뜻입니다. 1936년 베를린 올림픽에서 마라톤 금메달을 딴 손기정 선수도 기차를 타고 이동했습니다. 통일로 인해 한반도가 대륙과 다시 연결이 되면 기차를 타고 많은 나라로 이동할 수 있습니다. 김구, 김원봉 등과 같은 독립운동가의 발자취를 따라 갈 수도 있고, 자유롭게 여행을 떠나는 상상도 할 수 있습니다. 이 활동을 통해 통일의 장점인 대륙과 연결된 한반도를 상상해 보기 바랍니다.

활동은 이렇게

1. 유라시아만 나와 있는 세계여행 지도를 준비합니다. 모둠에는 작은 지도를 준비하고 칠판에는 큰 지도를 준비하면 됩니다.

2. 개인별로 가고 싶은 나라, 모둠에서 함께 가고 싶은 나라, 북측의 친구들과 함께 가고 싶은 나라 또는 가고 싶은 곳을 정하고 그 나라를 가고 싶은 이유, 하고 싶은 일 등을 포스트잇 또는 지도에 직접 적은 뒤 모둠별로 발표를 진행합니다.

3. 모둠으로 나온 여행지를 칠판에 있는 큰 지도로 옮기고 나온 나라를 실로 연결해서 대륙과 연결된 통일코리아를 상상해 봅니다.

1단계

유라시아가 나와 있는 세계지도를 보여줍니다. 세계지도 속에서 한반도의 위치를 확인하고, 주변의 나라들도 확인을 합니다. 특히 육지와 연결되어 있는 나라들과 바다로 떨어져 있는 나라들을 확인합니다. 활동을 진행하게 되면 많은 학생들이 일본, 미국 등으로 가고 싶다는 이야기를 많이 합니다. 모든 나라의 여행계획을 세우는 활동이 아니라 육지와 연결된 나라에 대한 여행계획을 세우는 활동입니다. 해외여행으로 갈 수 있는 나라와 외국여행으로 갈 수 있는 나라의 구분을 통해 활동에 정확한 의미를 부여합니다.

2단계

여행계획 순서는

① 개인적으로 가고 싶은 나라와 그 나라에서 하고 싶은 것을 정하고 모둠에서 이야기를 서로 나눕니다.

② 모둠에서 함께 가고 싶은 나라와 그 나라에서 하고 싶은 것을 정하게 합니다. 모둠별로 가고 싶은 나라는 1~2개 정도의 국가를 정할 수 있게 나라의 숫자를 정해 줍니다.

③ 모둠에서 북측 친구들과 함께 가고 싶은 나라와 그 나라에서 하고 싶은 것을 정하게 합니다. 모둠별로 가고 싶은 나라와 북측의 친구들과 함께 가고 싶은 나라는 겹치더라도 하고 싶은 것은 다르게 정할 수 있게 지도해 줍니다.

3단계

학생들이 나와서 발표를 합니다. 개인적인 여행지는 영국에 가서 손흥민 선수를 보고 싶다는 이야기와 중국에 가서 팬더를 보고 싶다는 이야기, 인도에 가서 카레를 먹고 싶다는 이야기 등 지극히 개인적인 이유가 나옵니다.

그 다음 발표 내용은 모둠에서 함께 가고 싶은 나라와 이유입니다. 프랑스를 가고 싶다는 모둠은 모둠원의 아버지가 회사일로 프랑스 장기출장 중이었습니다. 그래서 그 모둠은 만장일치로 그 학생의 아버지가 계신 나라로 가서 재미있게 놀자고 했던 내용입니다. 어머님이 베트남에서 온 학생이 있는 모둠에서는 어머니의 고향에 다 같이 가서 수영도 하고 맛있는 것도 먹자는 의견도 나왔습니다.

마지막 발표는 북측 친구들과 함께 가고 싶은 나라와 그 나라에서 하고 싶은 것입니다. 나라는 아니지만 함께 백두산을 오르고 싶다는 이야기, 북측 친구들이 가장 가고 싶어 하는 제주도를 가고 싶다는 이야기, 독일로 가서 우리도 평화롭게 통일을 했다고 외치고 싶다는 이야기도 나옵니다. 지금은 만날 수 없지만 통일 후 남북의 친구들이 만나서 여행을 다니는 상상을 하면서 통일의 기대감을 높일 수 있습니다.

4단계

발표가 끝나면 칠판에 있는 큰 지도에 가고 싶은 곳을 모두 나와서 표시하게 합니다. 칠판의 큰 지도에는 전체 학생의 가고 싶은 나라가 표시되어 있습니다. 그 후 나라와 나라 사이를 실을 이용해서 서로 연결합니다. 가고 싶은 나라가 많으면 많을 수로 연결된 선은 복잡해집니다. 연결된 선은 길이 됩니다. 실제로 유라시아 대륙은 기찻길과 도로로 모든 나라들이 거미줄처럼 연결되어 있습니다. 분단으로 인해 우리만 이용하지 못할 뿐입니다. 남북의 평화로 길이 연결되면 우리도 거미줄처럼 연결된 길을 통해 많은 나라를 여행할 수 있습니다.

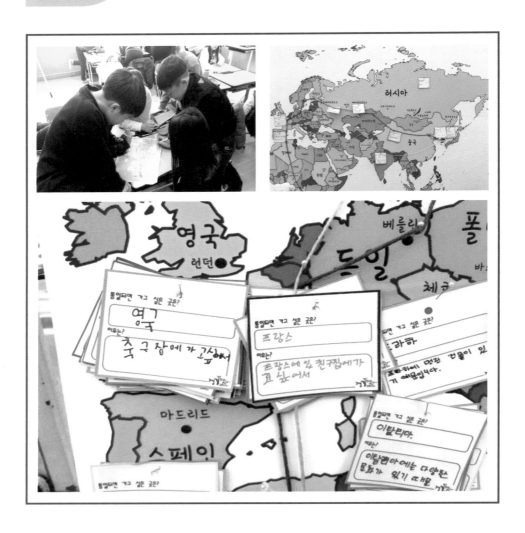

4) 퀴즈로 풀어보는 통일코리아

남북의 통일로 길이 이어지면 어디까지 갈 수 있을까요? 어떤 곳을 지나게 되고 어떤 것을 보게 될까요? 남북의 통일과 관련된 곳을 지나지는 않을까요? 한반도에도, 한반도 밖에도 남북의 통일과 연관 있는 곳은 없을까요? 부산, 대전, 금강산, 평양과 노르웨이, 덴마크, 독일은 남북의 통일과 어떤 연관이 있을까요?

이 활동은 〈기차타고 떠나는 세계여행〉과 연결시킬 수 있는 활동입니다. 물론 개별적으로도 이용할 수 있습니다. 남북의 평화로 끊어진 길이 연결되고 반도 국가로 복귀하게 된다면 어떤 일이 생길까요? 한반도를 기차와 자동차로 횡단할 수도 있고, 더 나아가 중국을 지나 영국까지도 갈 수 있는 길이 생길 것입니다.

남북의 통일로 연결된 길을 따라 제주도에서 출발해서 영국에 먼저 도착하는 팀이 우승을 하는 방식입니다. 현수막에 표시된 지역은 통일과 관련된 지역이지만 크게 관련이 없어도 상관없습니다. 퀴즈를 풀면서 통일에 대해서 알아보고, 기차와 자동차로 떠나는 외국여행을 상상해 보면서 통일의 장점을 자연스럽게 알아볼 수 있는 활동입니다.

통일수업 마무리에 복습용으로 활용하면 더 좋습니다.

👉☀ 활동은 이렇게

1. 한반도 기차여행 현수막과 주사위, 말(자동차팀, 기차팀)을 준비합니다.

2. 서해를 통해 가는 자동차 팀과 동해를 통해 가는 기차 팀을 정하고 각 팀의 팀장을 선출합니다.

3. 주사위를 굴린 후 해당 도시로 이동하여 팀별로 상의 후 문제를 풉니다.

4. 정답을 맞히면 해당 칸에 남아있고 틀리면 주사위를 던지기 전 칸으로 돌아갑니다.

5. 영국에 도착해서 정답을 먼저 맞힌 팀이 우승합니다.

활동사례 ↘

1단계

한반도 기차여행 현수막과 주사위, 말을 준비합니다. 주사위는 현수막의 칸이 많지 않으니 주사위 숫자를 3까지만 사용합니다. 4=1, 5=2, 6=3 또는 6=꽝으로 대체합니다.

2단계

한반도 기차여행은 서해를 이용해서 영국까지 가는 자동차 길과 동해를 이용해서 영국까지 가는 기찻길로 나눠져 있습니다. 모둠별로 팀을 나눠도 되고 기차 팀과 자동차 팀 중 가고 싶은 팀을 정해도 됩니다. 팀이 정해지면 팀장을 선출합니다. 팀장은 주사위를 던질 친구를 정해주고, 문제를 풀 때 팀의 의견을 정리해서 하나의 정답을 외치게 하는 역할을 합니다. 팀장 선출 후 가위바위보를 통해서 주사위를 먼저 던질 팀을 정합니다. 모든 것이 정해지면 본격적인 게임을 시작합니다.

3단계

팀장이 정해주는 학생이 주사위를 굴린 후, 나온 수만큼 말을 이동하여 그 지역의 문제를 풉니다. 각 지역별 문제는 그 지역에서 있었던 일들과 연관된 문제를 만들어도 되고 (예: 금강산은 이산가족이 상봉하는 곳, 노르웨이는 노벨평화상의 수상식이 열리는 곳, 길주는 남북이 노력해서 최초로 환수한 북관대첩비가 있는 곳 등) 그동안 배운 내용을 바탕으로 만들어도 됩니다. 정답을 맞히면 그 자리에 남아 있고 틀리면 주사위를 던지기 전에 있던 칸으로 이동하면 됩니다. 예를 들면 금강산에서 주사위를 굴려서 길주가 나오면 길주에 해당하는 문제를 풉니다. 정답이면 길주에 남아있고, 오답이면 금강산으로 돌아가면 됩니다. 다음 순서에 길주가 나온다면 문제를 다시 풀게 하면 됩니다. 정답이 이미 공개됐기 때문에 문제를 푸는 것은 어렵지 않을 것입니다. 문제를 계속 풀어나가면서 최종적으로 영국에 도착해서 정답을 먼저 맞히는 팀이 우승하는 방식입니다. 그리고 중요한 것은 영국에 도착해서 결승 문제를 풀었을 때 답을 틀려도 정답을 공개해서는 안 됩니다. 정답을 공개해버리면 다른 팀에서 도착했을 때 정답을 알기 때문입니다.

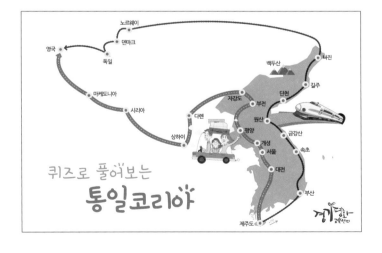

각 도시와 통일퀴즈

서해 (자동차 팀)		
도시	퀴즈 예시	정답
대전	1953년 7월 27일에 맺은 정전협정에 대한민국 대표가 서명을 하였다.	X (북, 중, 미)
서울	북측도 태권도를 배운다.	○
개성	개성 역사유적지구는 세계문화유산에 등재되었다.	○ (2013.6.23)
평양	문재인 대통령이 연설한 능라5.1경기장은 세계에서 가장 큰 축구경기장이다.[1]	○
부전	북측에 있는 강 중에서 돌로 이루어진 강의 이름은 무엇일까요?	돌강
자강도	북측의 자원 중에 세계 매장량 2위인 자원은 무엇일까요? 이것은 '21세기 첨단산업의 비타민'이라 불리고 있습니다.	희토류
다롄	안중근의사가 순국하신 곳은 어디일까요?	뤼순감옥
상하이	대한민국 임시정부는 몇 년도에 수립됐을까요?	1919년
시리아	시리아는 내전 중이다.	○ (2011부터 진행중)
마케도니아	2018년 기준 남측의 수교국은 190개 국입니다. 북측의 수교국은 몇 개일까요?[2]	161개

1) 15만 명 수용 가능하며, 세계에서 가장 큰 축구 경기장이다.   2) 2018년 외교부 참조

동해선 (기차 팀)		
도시	퀴즈 예시	정답
부산	남북은 올림픽에서 동시입장을 한 적이 있습니다. 2018년 아시안게임까지 총 몇 번의 동시입장을 했을까요?	11번
속초	남과 북은 서로 끊어진 철도를 연결한 적이 없다.	X (경의선 완공-2003.6.14)
금강산	남북의 분단으로 헤어진 가족을 부르는 말은 무엇일까요?	이산가족
원산	스키를 즐기며 바다를 동시에 볼 수 있는 스키장이 있습니다. 이곳은 어디인가요?	마식령스키장
단천	북측의 마그네사이트는 지하에만 매장되어 있다.[3]	X
길주	남북은 힘을 합쳐 일본이 약탈해간 문화재를 찾은 적이 있다.[4]	○
나진	북측의 항구로 러시아와 가장 가까운 곳에 있는 항구는 어디일까요?	나진항
노르웨이	대한민국 최초로 노벨평화상을 수상한 대통령은 누구일까요?	김대중 대통령 (2000년)
덴마크	통일이 되면 1년에 군사비를 어느 정도 줄일 수 있을까요?	약 20조원
독일	통일을 하는데 들어가는 비용을 통일비용이라고 합니다. 그렇다면 분단을 유지하는데 들어가는 비용을 무엇이라고 할까요?	분단비용

결승문제		
도시	퀴즈 예시	정답
영국	영국은 하나의 나라가 아닌 여러 개의 국가들로 이루어진 연방 국가입니다. 그렇다면 영국은 몇 개의 나라로 이루어져 있을까요?	4개 (잉글랜드, 스코틀랜드, 웨일즈, 북아일랜드)

3) 단천 마그네사이트 광산은 노천탄광이다.　　4) 북관대첩비, 조선왕실의궤, 문정왕후어보

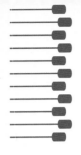

 읽을거리 ① : 통일의 비경제적 혜택

1. 평화

남북은 분단으로 인해 반복적인 전쟁 위험 속에 살고 있습니다. 남북의 긴장도가 가장 높았던 2017년에는 4월 위기설, 9월 위기설 등 다양한 전쟁위기설이 나오기도 했습니다. 뉴스에는 남북의 군사력을 비교하는 내용들이 나오기 시작했고, 학생들은 남북이 전쟁을 하면 누가 이길지를 물어보기 시작했습니다. 2020년 현재 남북이 전쟁을 하면 어떤 상황이 발생할까요? 세계 최강 미국과 동맹을 맺고 있는 남측의 일방적인 승리로 끝날까요? 아니면 핵을 가지고 있는 북측의 승리로 끝날까요? 우리는 전쟁에 대해서 위의 두 가지 결과만을 생각하고 있습니다. 하지만 남북의 전쟁은 두 가지 결과 외에 한 가지 결과가 더 있습니다. 바로 '민족의 공멸'입니다. 1950년 한국전쟁 때와 비교해보면 더 많은 군인과 최신무기를 보유하고 있는 지금의 전쟁은 한반도를 초토화시킬 것입니다. 물론 끝까지 싸운다면 어느 한쪽이 승리하겠지만, 승리 후 남는 것은 파괴된 국토와 민족을 서로 죽이고 난 후에 생기는 적대감일 것입니다.

분단의 폭력은 비단 전쟁위기만 있는 것이 아닙니다. 평화학자인 요한 갈퉁은 폭력을 '직접적 폭력'과 '구조적 폭력', '문화적 폭력'으로 구분했습니다. 전쟁을 비롯해 남북의 군사적 충돌은 '직접적 폭력'에 해당합니다. '문화적 폭력'은 내면화되어 그 안에서 자신이 억압당하고 있거나 그 폭력을 자신이 휘두르고 있다는 것을 인식하지 못합니다.

그럼 분단으로 생긴 '문화적 폭력'은 어떤 것이 있을까요?

여전히 선거철이 되면 '종북', '빨갱이'라는 말로 이념 갈등을 부추기기도 하고, 보편적 복지, 경제 민주화 등 경제 문제에 대해 다른 의견을 이야기하면 '종북, 빨갱이'로 낙인찍고 대화를 이어가지 못합니다. 또한, 오랜 분단으로 인해 생겨난 군대 문화에서 비롯된 서열 문화, 위계질서 문화가 사회 전반에 퍼져 있는 것 역시 '문화적 폭력'에 해당합니다.

전 세계에서 유일하게 대한민국만 다르게 부르는 게임이 있습니다. 이 게임은 좌우의 그림을 비교하면서 다른 점을 찾는 게임입니다. 대부분의 나라에서는 이 게임을 '다른 그림 찾기'라고 부릅니다. 하지만 우리는 이 게임을 '틀린 그림 찾기'라고 부릅니다. 뿐만 아니라 평소 언어습관에서도 '다름'과 '틀림'을 잘 구분하지 못합니다. "안경모양이 틀리네?", "머리 스타일이 틀리다." 등 많은 부분에서 다름과 틀림을 구분하지 않고 있습니다. 분단의 '구조적 폭력'은 바로 다름을 틀림으로 바라보는 시선입니다. 이 '구조적 폭력'은 극단적인 이분법적 사고를 발생시키고 있습니다.

남북통일의 가장 큰 혜택은 분단으로 생긴 폭력이 평화로 바뀌는 것입니다. 2018년 남북의 만남은 '대결의 시대'를 '대화의 시대'로 바꿨습니다. 서로를 '협박하던 시대'를 '협력의 시대'로 변화시키고 있습니다. 물론 아직 가야할 길은 험난합니다. 그렇다고 뒤로 돌아갈 수는 없습니다. 우리에게 남은 선택지는 '대결의 심화'인가 '대화의 심화'인가의 문제입니다. 즉 평화의 문제입니다.

남북의 통일을 경제적 혜택으로만 바라보는 시선이 많이 있습니다. 한국전쟁 후 폐허로 변한 한국은 고도의 경제성장을 이루었습니다. 우리는 이것을 '한강의 기적'이라고 부릅니다. 훗날 남북이 통일하면 한반도는 경제적으로 재도약할 것입니다. 문재인 대통령도 통일을 '제2의 한강의 기적'과 '대동강의 기적'으로 만들겠다고 발언을 했습니다. 하지만 우리가 이룬 '한강의 기적'을 곰곰이 생각해 보면 경제적으로는 '기적'을 이뤘지만 국민들의 행복까지 '기적'처럼 찾아왔을까요?

이산가족은 서로 만나지 못하고, 남북은 서로 적대감을 가진 채 총부리를 겨누고 있습니다. 서로를 틀렸다고 생각하고 공격하는 극단적 이분법 또한 현재 진행형입니다. 대륙과 연결되던 길은 끊어졌고, 남북의 만남도 길과 함께 끊어졌습니다. 한반도의 평화는 '제2의 한강의 기적' 또는 '대동강의 기적'을 만들어가는 것이 아닌 '한강, 대동강의 행복'을 만들어 가는 과정이어야 합니다. 분단의 폭력을 평화로 만들어가는 길, 그래서 남북 모두가 평화롭게, 행복하게 사는 길이 먼저여야합니다.

2. 문화강국
백범 김구 선생님의 책인 〈백범일지〉에 있는 내용입니다.

> "나는 우리나라가 세계에서 가장 아름다운 나라가 되기를 원한다.
> 가장 부강한 나라가 되기를 원하는 것은 아니다.
> 내가 남의 침략에 가슴이 아팠으니,
> 내 나라가 남을 침략하는 것을 원치 아니한다.
> 우리의 부는 우리 생활을 풍족히 할 만하고,
> 우리의 힘은 남의 침략을 막을 만하면 족하다.
> 오직 한없이 가지고 싶은 것은 높은 문화의 힘이다.
> 문화의 힘은 우리 자신을 행복하게 하고,
> 나아가서 남에게도 행복을 주기 때문이다.
> 나는 우리나라가 남의 것을 모방하는 나라가 되지 말고,
> 이러한 높고 새로운 문화의 근원이 되고,
> 목표가 되고, 모범이 되기를 원한다.
> 그래서 진정한 세계의 평화가
> 우리나라에서 우리나라로 말미암아 세계에 실현되기를 원한다."

백범 김구 선생님도 꿈꿨던 문화강국을 통일코리아에서 이룰 수 있을까요? 통일코리아는 어떤 모습이어야 할까요?
첫 번째는 평화를 수출하는 나라입니다. '평화'와 경제 용어인 '수출'이 만나니

좀 어색합니다. 평화를 수출하는 것은 어떤 의미가 있을까요? 그동안 강국이라고 하면 군사력, 경제력이 강한 나라를 일컬었지만, 앞으로의 강국은 인류의 보편적 가치를 이끌어갈 수 있는 나라를 말합니다. 우리가 이끌어 갈 수 있는 보편적 가치는 무엇일까요? 바로 '평화'입니다. 평화는 서로의 다름을 인정하고 존중할 때 가능합니다. 전쟁까지 치르고 서로를 적대시해온 남북이 정치, 군사적 평화뿐만 아니라 사람과 사람의 평화까지 잘 만들어 간다면 우리의 갈등해결 방법을 배우기 위해 많은 나라의 전문가들이 우리나라를 찾을 것입니다. 우리의 사례가 전쟁을 겪은 분쟁 지역과 갈등을 겪고 있는 공동체 사회에 좋은 모델이 될 수 있다면 어떤 경제적 이익보다 가치 있지 않을까요?

약 100년 전 뤼순감옥에서 순국하신 안중근 의사의 꿈은 '동양의 평화'였습니다. 〈동양평화론〉에서 안중근 의사는 동북아시아 국가들의 경제 공동체까지 그리며 구체적인 평화의 상을 꿈꿨습니다. 안 의사가 동양의 평화를 위해, 첫 번째 과제로 주장한 것은 일본의 침략적 태도를 개선하는 것이었습니다.

2020년, 동아시아 평화를 위한 첫 번째 과제는 무엇일까요? 현재 동양의 평화를 이루기 위해선 걸림돌이 크게 두 가지입니다. 첫째는 동아시아를 침략했던 과거에 대해 제대로 반성하지 않는 일본, 둘째는 한반도 상황입니다. 이 중 가장 큰 걸림돌은 무엇일까요? 바로 한반도 분단입니다. 한반도의 분단과 대결이 동북아시아 갈등의 축으로 작용하고 있기 때문입니다. 안중근 의사뿐만 아니라 우리 모두가 꿈꿀 수 있는 동양의 평화를 완성하기 위해선 가장 먼저 분단 상태인 한반도가 평화롭게 통일을 이뤄야 합니다. 이렇게 된다면 통일의 혜택은 남과 북에만 있는 것이 아니라 동아시아의 평화, 더 나아가 세계의 평화라고 해도 과언이 아닐 것입니다.

두 번째는 문화의 수출입니다. 세계로 뻗어나가는 한국의 문화를 통틀어서 '한류'라고 부릅니다. 대표적인 '한류'는 K-POP과 드라마입니다. 세계인들이 열광하는 드라마 '대장금'과 '허준', 영어가 아닌 우리말로 부르는 싸이와 BTS의 노래는 우리의 특수성(우리만의 언어, 우리만의 역사)과 함께 인류의 보편적 가치를 탁월하게 표현한 우리 문화를 세계가 주목하고 함께 하고 있습니다. 2016년 5월 6일 중국의 중마이 그룹의 임직원이 한국을 찾아왔습니다. 몇 명이나 왔을까요? 무려 8,000명이 한국을 찾아왔습니다. 너무 많은 인원이라 한 번에 다 오지 못하고 두 팀으로 나눠서 한국에 왔습니다. 그럼 왜 왔을까요? '태양의 후예' 드라마 보셨죠? 2016년에 가장 인기 있는 드라마 중 하나였고 중국에서도 그 인기는 대단했다고 합니다. 드라마 내용 중 '삼계탕'을 먹는 장면이 나오죠? 중마이그룹의 임직원 8,000명이 서울에 온 이유도 바로 '삼계탕'입니다. 서울에서 4,000명씩 '삼계탕'을 먹는 진풍경이 연출됐다고 합니다. 이들이 4박5일간 한국에 있으면서 우리가 얻은 경제적 효과는 495억 원이나 된다고 합니다. 정말 굉장하죠? 그런데 중국인들이 '태양의 후예'가 나오기 전에 더 좋아했던 드라마가 있습니다. '별에서 온 그대'입니다. 2016년 3월에는 중국의 또 다른 기업인 '아오란그룹'에서 4,500명이 인천으로 찾아옵니다. 그래서 무슨 음식을 먹었을까요? 다들 알고 있는 '치·맥'입니다. 드라마 두 편으로 2016년에 한국에 찾아온 중국인 관광객 수가 1만 2,500명입니다. 그만큼 한국의 드라마는 중국에서 대단한 인기를 누린다고 합니다. 친구들이 좋아하는 '게임'도 '한류'에서 빼 놓을 수 없는 분야입니다.

그럼 북측도 한국의 '한류'처럼 세계에 자랑할 만한 문화가 있을까요? 바로 '서커스'입니다. 북측에선 '서커스'라 부르지 않고 '교예단'이라고 부릅니다. 그래서 '평양 교예단'이 가장 유명한 서커스팀입니다. 2015년 1월 20일 북측의 '평양 교예단'이 제39회 몬테카를로 서커스축제에서 최고상인 금상을 수상했습니다. 또한 2016년 9월에 진행된 '2016 세계서커스예술축전'에서도 최고상인 금상을 받을 정도로 북측의 서커스 기술은 세계 최고입니다. 그럼 북측의 교예공연에 우리의 홍보력과 무대장치, 연출을 더한다면 북측의 '평양 교예단'도 화려하고 재미있는 세계적인 공연이 될 수 있을 것입니다.

그리고 애니메이션 분야도 있습니다. 남측의 애니메이션 기술력은 세계시장에서 어떤 위치를 차지하고 있을까요? 세계에 가장 많이 알려진 한국 애니메이션은 바로 '뽀롱뽀롱 뽀로로'입니다. 2003년에 처음 나온 뽀로로는 현재 130개국에 수출하고 있습니다. 그리고 지금까지 뽀로로의 경제효과는 5조 7000억 원에 이른다고 합니다. 그래서 뽀로로에 나오는 '뽀로로의 집과 땅, 산은 뽀로로꺼'란 말이 나올 정도로 엄청난 흥행을 하고 있습니다. 세계적인 스타 뽀로로를 남과 북이 함께 만들었다는 사실을 아시나요? 뽀로로는 2003년 남한의 하나로통신, 아이코닉스, 오콘, EBS와 북측의 삼천리총회사가 함께 만든 작품입니다. 2003년에 나온 뽀로로를 뽀로로 1기라고 합니다. 1기의 작품은 총 52편입니다. 이 중 10편이 북측에서 제작되었습니다. 즉 뽀로로의 탄생을 남북이 함께 한 것입니다. 아쉽게도 지금은 남북관계가 좋지 않아서 2기 이후부터 뽀로로는 남측에서 단독으로 만들고 있습니다. 뽀로로 뿐만 아니라 남과 북은 '게으른 고양이 딩가', '왕후 심청' 등 총 3개의 작품을 함께 만들었습니다. 그럼 북측의 애니메이션 실력은 어떨까요?

제작된 지 20년이 넘은 '라이온 킹' 아시죠? 지금도 '라이온 킹'은 전 세계에서 가장 많이 본 작품 중에 하나입니다. '라이온 킹' 제작에 북측의 '조선4·26만화영화촬영소'가 참여했던 사실을 아시나요? 미국의 월트 디즈니도 함께 작업을 할 만큼 북측의 애니메이션 실력은 세계에서도 유명합니다. 남북이 함께 하면 통일코리아의 애니메이션은 세계에서 최고가 될 수 있겠죠? 현재는 남북 관계가 좋지 않아서 더 이상 작품을 같이 만들지 않지만 남북관계가 좋아지는 순간 남북합작 애니메이션은 세계에서 가장 유명한 작품이 될 것입니다.

세 번째는 스포츠 분야입니다. 영화 '코리아'의 내용은 1991년 세계탁구선수권대회에서 남북 단일팀이 세계 최강 중국을 꺾고 금메달을 획득한 내용을 담은 영화입니다. 그 후 2018년 자카르타-팔렘방 아시아게임에서 '코리아'의 역사는 재연됐습니다. 그 주인공은 '여자 카누용선'팀입니다. 3주의 합동연습으로 2년 동안 준비한 중국을 꺾고 금메달을 땄습니다. 남북의 단일팀이 국제 대회에서 딴 2번의 금메달은 짧은 합동연습 기간 동안 서로 배려하고 존중하면서 얻은 값진 승리였습니다.

그리고 2018년 평창 동계올림픽에서는 메달을 따지 못했지만 소중한 경험을 함께 했습니다. 바로 여자 아이스하키팀 입니다. 갑작스럽게 남북 단일팀이 논의 되면서 이미 선발된 남측의 여자 아이스하키 선수들 중 몇 명은 국가대표팀에서 탈락하는 상황이 생겼습니다. 당연히 남쪽의 여론도 나빠지고 특히 아이스하키 감독 새라 머리 또한 남북 단일팀을 반대했습니다. "아이스하키는 팀워크가 제일 중요한데 갑작스런 단일팀은 팀워크를 맞추기 힘들고 경기력도 떨어진다."는 이유였습니다. 우여곡절 끝에 남북 단일팀은 성사가 되었고 많은 사람들은 기대보다 걱정이 앞섰습니다. 그러나 합동연습이 진행 될수록 남북은 서로를 이해하면서 호흡을 맞추기 시작했습니다.

첫 번째, 두 번째 경기에서 스위스와 스웨덴을 상대로 열심히 싸웠지만 각각 8-0이라는 큰 점수 차로 지게 됩니다. 그러나 포기 하지 않고 끝까지 경기를 뛰어서 세 번째 경기인 일본전에서 첫 득점을 하게 됩니다. 비록 4-1의 점수 차이로 졌지만 남북 단일팀 선수들은 어느 팀보다 더 서로를 응원하면서 열심히 뛰었습니다. 그리고 모든 경기가 끝난 뒤 새라 머리 감독은 "우리가 두 팀으로 보였을지 모르지만, 한 팀이었다. 행정적 결정은 정치인이 내렸으나 한 팀으로 뛴 것은 선수들의 공이 컸다. 스포츠를 통해 여러 장벽들을 허물 수 있었다는 점에서 의미가 있다"라고 말하면서 눈시울을 붉혔습니다. 모두의 우려 속에 출발한 남북 단일팀은 비록 승리는 못했지만 하나의 희망을 확인하고, 서로 하나라는 마음을 확인하면서 헤어지게 됐습니다.

남북은 9.19평양공동선언에서 2032년 하계올림픽을 공동 개최하기로 합의했습니다. 2032년, 공동입장과 몇 개의 종목만 단일팀으로 나가는 대회가 아닌 코리아라는 이름으로 함께 참여하게 된다면 스포츠 분야에서 더 많은 시너지 효과가 나타날 것입니다.

경쟁에서 이기고 지는 것을 떠나 그 자체를 즐기며 협력하는 문화, 평화를 비롯한 보편적 가치를 즐기고 확산하는 것이 우리가 생각하는 문화강국입니다. 통일 코리아는 평화, 문화, 스포츠분야에서 문화강국의 모습을 보여줄 수 있을 것입니다.

3. 문화재 환수

수많은 외침을 당한 한반도는 많은 문화재를 약탈당했습니다. 문화재청의 자료에 따르면 우리나라 문화재를 가장 많이 약탈해간 나라는 일본(67,708점)입니다. 2위는 놀랍게도 미국(43,601점)입니다. 우리는 문화재를 찾기 위해서 그동안 많은 노력을 했습니다. 그러면 남북은 문화재를 찾기 위해 같이 노력한 적이 있을까요?

북측의 함경도 길주(현 함경북도 김책시)에는 '북관대첩비'라는 비석이 있습니다. 북관대첩비는 임진왜란의 승전기념비입니다. 1592년 일어난 임진왜란은 일본군의 무서운 북진으로 전쟁 두 달 만에 한양이 불에 타고 선조임금이 북쪽으로 달아났습니다. 이때 선조를 잡기 위해 일본군도 함께 북진을 했습니다. 당시 왜군의 지휘관은 임진왜란에서 단 한 번도 진적이 없는 전쟁의 신이라 불리는 '가토 기요마사'가 이끄는 최정예부대 2만 2천여 명이었습니다. 그에 맞서 싸우는 조선군은 '정문부'장군이 이끄는 2,000여 명의 의병부대였습니다. 2만 2천여 명의 최정예 왜군과 싸우는 2,000여 명의 의병들, 결과는 예상을 뒤엎고 '정문부'장군이 승리했습니다. 이 전투는 임진왜란의 전쟁 지형을 바꾸는 큰 사건이었습니다. 임진왜란이 끝난 110년 뒤 임진왜란 승전을 기념하기 위해 세운 비석이 바로 '북관대첩비'입니다.

그로부터 약 200년이 흐른 1905년 러일전쟁이 발발하고 러시아와 싸우기 위해 북쪽으로 진군하던 일본의 장군 '이케다 쇼스케'가 비석을 발견하게 됩니다. 그는 "이것은 일본 역사의 수치다"라고 말하면서 비석을 강제로 뽑아 일본의 야스쿠니 신사 뒤편으로 가져갔습니다. 북관대첩비의 몸체는 콘크리트 더미에 박히게 되고, 몸체보다 두 배 이상 무거운 머릿돌로 눌러 놓은 후 비석 앞에는 '이 비석의 내용은 모두 거짓이다'라는 안내판까지 설치 된 후 70년의 시간을 보냈습니다.

1978년 한국인 사학자에 의해 발견된 북관대첩비는 이때부터 한반도로 반환하기 위한 노력이 시작됐습니다. 1979년 한국정부가 일본에 반환을 요구했지만 거절당하였습니다. 이후 일본 승려가 다시 야스쿠니 신사에 반환을 촉구하였고, 2000년엔 한일 불교계가 반환운동 공동추진에 합의를 합니다. 하지만 야스쿠니 신사의 대답은 "비석은 원래 북측의 길주에 있던 것이니 남북이 통일되면 돌려주겠다."라는 한결같은 말뿐이었습니다. 그 후 2000년 6.15공동선언을 시작으로 좋아지기 시작한 남북은 이 문제에 대해 함께 논의하기로 하고 빼앗긴 지 100년이 되던 2005년 남북의 불교계가 힘을 모으고, 제15차 남북장관급회담에서 이 문제를 다루면서 일본 정부를 압박합니다.

북관대첩비는 빼앗긴 지 100년 만인 2005년 10월 20일 남측으로 돌아왔습니다. 그리고 2006년 3월 1일 개성을 지나 원래 있던 북측의 길주로 옮겨졌습니다. 남과 북이 함께 힘을 합치지 않았다면 북관대첩비는 여전히 일본 군국주의 상징인 야스쿠니 신사에 자기보다 두 배 이상 무거운 돌을 머리에 이고 있었을 것입니다.

남북이 함께 찾은 두 번째 문화재는 '조선왕실의궤'입니다. 의궤란 국가와 왕실의 주요 행사를 글과 그림으로 남긴 책입니다. 2011년에 돌아온 의궤는 '대례의궤', '왕세자가례도감의궤' 두 가지입니다. 고종이 대한제국을 선포하고 황제가 되었음을 알리는 의궤와 순종의 결혼식 과정을 담은 의궤입니다. 이 역시 일제 강점기에 조선총독부가 일본으로 가져가 일본 궁내청 도서관에 보관하고 있었습니다. 남측에선 의궤 반환을 위해 일본과 협상을 했지만 1965년 체결한 한일협정으로 인해 문화재 반환청구권이 소멸되어서 반환이 쉽지 않은 상황이었습니다. 그렇지만 북측은 여전히 청구권이 남아있었고 남과 북은 북관대첩비 반환을 함께 한 적이 있기에 '남북공조'를 통해 지속적인 반환운동을 진행합니다. 그 결과 2011년

12월 6일 일본에 빼앗긴지 약 90년 만에 조선왕실의궤가 고국의 품으로 돌아왔습니다.

세 번째 문화재는 '문정왕후 어보'입니다. 어보란 궁중 의례 때 쓰던 역대 임금과 왕족들의 도장으로 종묘에 보관되어 있었으나 한국전쟁 때 미군 병사가 수십 개를 훔쳐간 것으로 추정합니다. 조선불교도연맹(북측) 리규룡 서기장과 문화재제자리찾기(남측) 대표 혜문스님 명의의 공동성명서는 남북의 불교계를 비롯한 7천만 겨레의 이름으로 미국의 문정왕후 어보 반환을 촉구하는 내용을 발표하고 함께 노력하였습니다. 문정왕후 어보도 2013년 반환결정이 난 뒤 2017년 문재인 대통령이 미국을 방문하고 돌아오는 길에 함께 돌아왔습니다.

이후 남북은 일제강점기 때 약탈해간 평양 율리사지 석탑과 조선제왕투구 등을 일본으로부터 돌려받기 위한 활동을 지속적으로 하고 있습니다. 남북이 함께 노력한다면 외국에 빼앗긴 문화재를 더 많이 찾아올 수 있을 것입니다.

경복궁에 전시된 북관대첩비 복제품

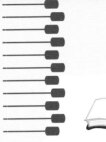

읽을거리 ② : 통일의 경제적 혜택

1. 지하자원 - 유무상통(有無相通)

북측의 지하자원 매장량은 2016년 영국의 '이코노미스트'에서 발표한 자료에 따르면 약 10조 달러(1경1700조 원) 이상의 가치가 있다고 합니다. 21세기 첨단산업의 비타민이라고 불리는 희토류도 세계 2위의 매장량을 보이고 있습니다. 이 자원을 남북이 함께 이용하게 된다면 한국은 자원을 수입하는 나라에서 자원을 수출하는 나라로 변하게 될 것입니다. 남북은 2007년 10.4 선언에서 경제교류를 '유무상통'의 원칙으로 합의했습니다. 유무상통(有無相通)의 원칙은 남과 북이 서로 가진 것과 가지지 않은 것을 교환하는 방식입니다. 북의 자원과 남의 기술, 자본의 결합은 통일 후 경제적으로 더욱 성장하는 원동력이 될 것입니다. 영국의 '이코노미스트'는 내부 보고서에서 통일 후 40년이 지난 통일코리아의 경제적 순위는 현재 11위에서 3위까지 올라가는 것이 가능하다는 결론을 냈습니다. 그리고 미국의 '골드만삭스'은행은 2위까지 전망을 했습니다. 통일이 되면 북쪽 때문에 경제가 나빠지는 것이 아니라 남북의 시너지효과로 더 큰 경제적 혜택을 얻을 수 있습니다.

2. 철도연결 - 대륙으로의 여행과 물류의 중심

2019년 2월 27일 김정은 국무위원장은 베트남에서 열리는 북미회담을 위해 평양에서 기차를 타고 하노이로 출발 했습니다. 남북철도의 연결은 기차를 타고 유럽으로만 갈 수 있는 것이 아니라 동남아시아를 비롯한 대륙과 연결된 모든 곳을 갈 수 있다는 것을 보여주고 있습니다. 기차의 연결은 관광을 쉽게 해주는 역할도 있지만 가장 중요한 기능은 물류의 이동입니다. 열차에 의한 물류 이동은 항공보다 싸고 선박보다 빨라 가장 효율적입니다. 철도의 연결로 한반도는 대륙으로 가는 기찻길의 출발점이자 종착점이 될 것입니다. 일본에서 만들어진 물자가 배를 통해서 유럽에 가는 것이 아니라 부산항을 통해 유럽까지 전해지게 됩니다. 유럽과 중국의 물자 또한 기차를 이용해 한반도로 들어올 것입니다. 또한 기차의 연결은 물류시간을 단축해 줍니다. 현재 한국에서 유럽으로 물류를 이동시키기 위해서는 배로 약 35~40일이 걸립니다. 반면 기차로 이동하면 약 20일 가량 걸립니다. 철도의 연결로 한반도는 물류의 중심지가 될 수 있습니다.

3. 국방비 감소 - 복지비 증액

남과 북은 현재 휴전상태이기 때문에 많은 국방비를 쓰고 있습니다. 문재인정부는 2017년 GDP대비 2.5%인 국방비를 5년에 걸쳐 2.9%까지 늘리려고 합니다. 2020년 국방비는 약 50조 원이 책정이 됐습니다. 정부 예산의 10%를 차지한다고 하니 다른 나라에 비해 과도하게 책정이 된 것입니다. 2023년까지 증가된 국방비는 63조 원 정도가 됩니다. 반면 국방비를 40조 원 정도로 5년간 동결하면 무려 약 74조 원의 재원을 확보할 수 있습니다. 확보된 재원을 복지 예산으로 돌린다면 고등학교 무상교육, 무상급식, 대학교 등록금 인하 등 많은 곳에 쓰일 수 있습니다.[5]

2018년 4.27 판문점 선언문에는 처음으로 남북의 단계적 군축을 약속했습니다. 군축이 실행되면 더 많은 국방비를 절약하게 되고 그 비용은 복지예산으로 돌아갈 것입니다.

4. 코리아 디스카운트 - 코리아 프리미엄

'코리아 디스카운트'란 용어 생소하죠? 직역하면 '한국할인'입니다. '코리아 디스카운트'의 요인 중 가장 큰 원인은 '분단'에 있습니다. 코리아 디스카운트의 대표

---

5) 〈핵과 인간〉 (정욱식 / 서해문집) 670쪽

적인 사례는 외채상환 이자율입니다. 현대경제연구원은 코리아 디스카운트가 해소되면 외채상환 이자율이 약 0.2% 감소할 것으로 전망했습니다. 외채 규모가 일정하다는 가정 하에 0.2% 금리혜택을 적용하면 15년간 약 230억 달러(24조 4,700억 원)의 외채상환 이자율을 절약할 수 있습니다. 이 금액을 복지예산으로 돌린다면 더 많은 혜택이 생길 것입니다.

또 다른 코리아 디스카운트의 사례는 한국산 제품이 세계 시장에서 품질에 비해 낮은 가격으로 팔리는 상황입니다. 한국무역협회의 통계에 따르면 2011년 한국의 수출 규모는 금액 기준으로 5,560억 달러(약 625조 원)입니다. 한국이 국제사회에서 당하는 디스카운트 비율은 평균 9.3% 정도입니다. 수출액 기준으로 계산하면 약 58조 원에 해당합니다. 한국할인으로 매년 약 60조 원의 금액을 손해 보고 있는 것입니다. 코리아 디스카운트의 반대개념은 '코리아 프리미엄'입니다. 분단으로 생긴 '디스카운트'가 통일로 '프리미엄'이 될 그 날을 기대해 봅니다.

5. 관광객의 증가

한반도에 평화가 찾아오고 남과 북을 오고가는 것이 지금보다 자유로워지면 세계의 많은 사람들이 한반도를 찾을 것입니다. 독일을 찾는 관광객이 통일 후 2배 이상 증가한 것처럼 말이지요. 안전만 보장된다면 세계의 많은 관광객들이 북에 대한 호기심으로 평양을 찾을 것이며 중국인들은 비행기보다 더 저렴한 기차를 타고 서울에서 쇼핑과 문화관광을 하는 날이 올 것입니다. 또한 사람들은 평화와 통일을 이룩한 한반도를 단순한 휴양지, 여행지를 넘어 역사적 장소로 기억하고 찾게 될 것입니다.

현대경제연구원은 한반도의 통일로 방문하는 관광객은 현재 약 1,200만 명에서 약 3,600만 명으로 3배 증가를, 관광수입 또한 약 129억 달러에서 약 418억 달러로 3배가 늘어날 것이라는 연구결과를 발표했습니다. 평화로운 한반도는 관광강국이 될 것입니다.

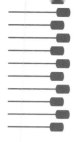

읽을거리 ③ : 통일비용 VS 분단비용

통일비용은 생각만 해도 두렵습니다. 과연 남북이 통일을 위해 지출해야할 돈은 얼마일까요?

국회예산정책처는 2015년 기준 통일 후 40년까지 약 3,100조 원의 통일 비용이 발생한다고 발표했습니다. 또한 2018년 영국 자산운용사의, 독일 통일과정을 참고한 경제적 비용 계산에 따르면 향후 10년간 2,167조 원(1조 7천억 유로)에 이를 것이라는 전망도 있습니다. 통일비용으로 엄청난 금액이 들어간다는데 걱정이 되는 건 당연한거겠죠.

그렇다면 과연 통일비용은 어떻게 계산이 되어 발표 되는 것일까요? 그리고 최초로 통일비용을 발표한 곳은 어디일까요? 남북의 통일비용을 가장 먼저 연구한 나라는 놀랍게도 일본입니다. 1994년 일본의 '장기신용은행'에서 처음으로 남북의 통일비용을 연구해서 발표했습니다. 왜 일본이고 왜 1994년일까요? 1994년은 국제적으로 많은 변화가 있었습니다. 1990년 10월 3일 독일은 통일하고 1991년 소련이 해체되면서 냉전이 무너졌습니다. 그 흐름 속에 남북도 대화를 시작해서 1991년 남북기본합의서를 발표했습니다. 일본에게 남북의 통일은 반가운 일일까요? 통일은 좋지만 많은 돈이 필요하고 결국은 남측이 북측을 돕기 위해서 경제적으로 많은 희생을 해야 한다는 논리가 바로 일본이 계산한 통일비용인 것입니다.

또한, 일본이 처음 계산한 통일비용에는 북측의 붕괴에 따른 재건비용이 포함되었습니다. 많은 시민들은 독일의 통일을 생각하면서 통일비용이 많이 들어갈거라고 생각합니다. 실제로 독일은 1990년부터 2015년까지 약 3,000조 원의 통일비용이 들어갔다고 합니다. 서독이 동독의 부채를 떠안고 사회보장(4대 보험, 복지비 등)을 서독 주민의 수준에 맞추었기 때문입니다. 이처럼 서독이 동독을 흡수하는 방식으로는 통일비용이 많이 들어갈 수 있습니다. 그렇기 때문에 우리의 통일은 독일처럼 급하게 하나의 제도, 체제로 통합하는 것이 아니라 남과 북이 점진적이고 단계적인 교류협력의 과정을 오랜 기간 진행한다면 독일처럼 많은 통일비용이 발생하지는 않을 것입니다.

우리는 눈앞에 보이는 통일비용 때문에 놓치고 있는 것이 있습니다. 바로 분단비용입니다. 분단비용이란 분단을 유지하는데 드는 모든 비용을 말합니다. 대표적인 분단비용은 앞서 이야기한 국방비와 코리아 디스카운트입니다. 두 가지의 분단비용만 줄여도 1년에 많은 비용을 절약할 수 있습니다. 분단비용은 언제까지 발생할까요? 남북의 분단이 유지되는 한 계속 발생합니다. 1945년부터 2020년 현재까지 계속 분단비용을 지출하고 있습니다. 2030년에도 2040년에도 남북이 대결하고 있다면 분단비용은 계속 지출하게 될 것입니다. 그래서 통일비용이 단기적 비용이라면 분단비용은 70년이 넘게 내고 있고 앞으로도 계속 지출하게 될 장기적 비용인 것입니다. 또한 통일비용은 일방적인 지원이 아닌 남북의 경제교류를 바탕으로 투자되는 금액입니다. 남북은 경제교류의 원칙(유무상통)을 합의했습니다. 어느 한쪽의 일방적인 지원이 아닌 서로 돕는 방식입니다. 그래서 통일비용보다는 통일투자라고 하는 것이 올바른 표현일 것입니다.

 참고도서

〈70년의 대화〉(김연철 / 창비)
〈한국인만 모르는 다른 대한민국〉(임마누엘 페스트라이쉬 / 21세기북스)
〈핵과 인간〉(정욱식 / 서해문집)

2장 다르게 보는 북(北)

1) 한반도 퍼즐로 북(北) 알아보기

많은 사람들이 외국 여행을 가서 'Where are you from?'이라는 질문을 받으면 대부분의 한국 사람들은 'I'm from Korea'라고 답을 합니다. 한국인의 외국 여행이 압도적으로 많은 요즘은 외국인들도 당연히 남에서 온 Korean이라고 생각하지만 십여 년 전만 해도 다시 돌아오는 질문은 'South or North'였습니다. 많은 외국인은 남과 북을 별개의 독립된 국가로 생각을 하지만 우리는 우리나라를 생각할 때 남과 북을 특별히 나누어서 생각하지 않죠. 그런 모습은 호랑이를 닮은 한반도를 그리는 모습에서 잘 나타납니다. 대부분은 호랑이를 닮은 한반도를 그리기 때문이죠.

우리는 1991년에 '대한민국'과 '조선민주주의인민공화국'이라는 이름으로 각각 유엔에 정식 가입을 했지만 같은 해 12월에 맺은 남북 기본합의서에서는 '쌍방 사이의 관계가 나라와 나라 사이의 관계가 아닌 통일을 지향하는 과정에서 잠정적으로 형성되는 특수 관계'라는 별도의 합의를 합니다. 통일을 지향하는 과정에서 불가피하게 유엔에 각각 독립국가로 가입했지만 우리끼리는 국가대 국가가 아니라 하나의 겨레라고 남북이 합의한 것이죠. 그만큼 북은 우리에게 특별한 존재인 것입니다.

그럼 우리는 북을 잘 알고 있을까요?

우리는 통일의 반쪽인 북에 대한 소식을 매일 듣고 있어서 북을 잘 안다고 생각하지만 조금만 들어가 보면 북을 잘 아는 사람들은 많지 않습니다.

여러분들은 북의 행정구역 중에서 몇 개의 도를 알고 있나요? 개성, 사리원,

평양, 함흥, 청진, 원산이 어디에 있고 묘향산, 백두산, 칠보산, 금강산은 어디에 있는지 알고 있나요? 남쪽의 국보 1호는 숭례문인데 북의 국보 1호가 무엇인지는 알고 있나요? 평양냉면을 제외한 북의 다른 유명한 음식을 알고 있나요?

많은 사람들이 위의 질문에 곧장 답을 하지 못해요. 그만큼 우리는 북을 잘 모르고 있습니다. 한반도 퍼즐 맞추기 게임은 행정구역 퍼즐 맞추기와 퀴즈를 통해 남과 북의 행정구역과 특징을 알아보는 게임입니다.

👉☀ 활동은 이렇게

1. 각 모둠별로 한반도 퍼즐과 한반도 지도를 나누어 줍니다.
   (제주도는 한반도 지도에 있기에 따로 퍼즐 조각을 만들지 않음)

함께 만드는 통일 한반도

2. 모둠별로 한반도 지도 위에서 행정구역 퍼즐을 완성합니다.

3. 한반도 퍼즐을 완성하면 남과 북의 경계를 살짝 벌려서 휴전선을 확인합니다.

4. 밑의 한반도 지도에 남북의 행정구역을 따라 그림을 그리고 행정구역명을 씁니다.

5. 학생들은 한반도 지도에 행정구역명을 그려 넣은 상태에서 PPT를 통해 행정구역과 관련된 문제를 모둠별로 풉니다.

한	반	도	🔍
퀴	즈	풀	기

1단계

먼저 모둠을 만든 다음 한반도 퍼즐 17조각과 한반도 지도를 모둠별로 나누어 줍니다. 남쪽의 행정구역은 단순화시켜서 8개 도로 만듭니다.(경기도, 강원도, 충청남도, 충청북도, 전라남도, 전라북도, 경상남도, 경상북도 / 제주도는 지도에 직접 표기). 서울을 비롯한 광역도시는 뺐습니다. 북쪽의 행정구역도 단순화시켜서 9개 도로 만듭니다.(황해남도, 황해북도, 강원도, 평안남도, 평안북도, 자강도, 양강도, 함경남도, 함경북도)

한반도 지도 위에서 17개의 남북 행정구역 퍼즐 조각을 맞추면 남북의 행정구역 지도가 완성됩니다. 행정구역을 잘 알지 못해도 퍼즐 맞추기를 통해 한반도 퍼즐을 어렵지 않게 완성할 수 있습니다. 완성된 남북의 행정구역 퍼즐 모양을 따라 밑의 한반도 지도에 그림을 그리고 거기에 행정구역 명칭을 새겨 넣으면 남북 행정구역 지도가 완성됩니다.

남과 북을 가르는 휴전선을 만들라고 하면 수도권에 있는 학생들은 휴전선이 자신들의 학교와 매우 가까이에 있다는 것에 많이 놀랍니다. 또한 학생들은 강원도가 남에도 있고 북에도 있다는 것에 신기해하죠.

2단계

한반도 행정구역 지도를 완성했으면 그 다음은 각 도의 특징을 퀴즈로 알아보는 시간을 가집니다. PPT를 통해 행정구역에 관련된 문제를 모둠별로 푸는데 교사가 남북 행정구역에 관한 문제를 더 만들어서 진행해도 됩니다.

남북 행정구역 문제는 3~4개의 힌트가 제시되면 모둠별로 논의를 해서 다 같이 정답이라고 생각되는 행정구역 퍼즐을 든 후 정답을 확인합니다. 행정구역 문제를 하나씩 풀 때마다 그 행정구역에 대한 추가 설명을 해주세요.

행정구역 문제예시

이 도는 어디일까요?

-북쪽에 휴전선이 있다.

-쌀이 많이 생산된다.
 그 종류는 안성마춤쌀, 이천쌀, 여주쌀, 용인 백옥쌀, 김포쌀 등이 있다.

-서울을 둘러싸고 있다.

답   경기도

이 도는 어디일까요?

-북에서 가장 따뜻한 도이다.

-금강산이 있다.

-남북의 군인이 지뢰 제거 작업 중 만나서 악수를 나눴다.

-남한과 같은 이름의 도이다.

답   북 강원도

이 도는 어디일까요?

-우리나라에서 제일 높은 산은?

-백두산이 있는 도는 어디일까요?

답   양강도

이 도는 어디일까요?

-남과 북이 함께 제품을 만들었던 개성공단이 있는 곳이다.

-고려시대의 문화유산이 많이 남아 있다.

-서울과 가까운 곳이다.

답   황해북도

이 도는 어디일까요?

-남북이 함께 환수한 문화재인 북관대첩비가 있는 곳이다.

-중국과 러시아와 국경을 마주하고 있다.

-한반도의 가장 북쪽에 위치해있다.

답   함경북도

이 도는 어디일까요?

- 냉면하면 떠오르는 도시가 있다.

- 유명한 음식으로는 평양냉면, 어복쟁반이 있다.

-평양을 둘러싸고 있다.

답   평안남도

〈문제예시 1: 황해북도〉

첫 번째 힌트 : 남과 북이 함께 제품을 만들었던 개성공단이 있는 곳입니다.

두 번째 힌트 : 고려시대의 문화유산이 많이 남아 있어요.

세 번째 힌트 : 서울과 가까운 곳이에요.

문제를 푼 후에 황해북도에 관련된 내용을 더 소개합니다. 개성에 있는 개성공단은 조성될 당시 개성에 주둔하고 있던 인민군 부대를 5~10km 북쪽으로 옮겨서 군사적 긴장을 낮춘 평화적 의미가 있습니다. 또한 1년 동안 북측이 1억 달러를 벌어갈 때 남측은 30억 달러를 벌어들임으로써 남과 북이 이득을 보는 경제적 의미도 있습니다. 평화와 경제가 선순환을 하는 것이죠.

개성공단 10년은 남북의 경제 체제가 달라도 함께 살 수 있다는 가능성을 보여주었습니다. 그래서 개성공단을 '매일 매일 작은 통일이 이루어지는 곳'이라고 합니다.

〈문제예시 2: 양강도〉

첫 번째 힌트 : 우리나라에서 제일 높은 산이 있는 도는 어디일까요?

두 번째 힌트 : 압록강, 두만강 두개의 강이 흐른다는 의미의 도는 어디일까요?

문제를 푼 후에는 남쪽에서는 볼 수 없는 개마고원, 백두산과 2018년 9월 문재인 대통령과 김정은 국무위원장이 백두산 천지에서 함께 찍은 사진을 보여줍니다. 그리고 남북이 각각 유네스코 무형문화재에 코리아 송으로 등재한 '아리랑' 노래도 들려줍니다. 김정은 위원장이 문재인 대통령에게 선물한 풍산개 '곰'이와 그 지역 특산품인 '감자엿', '언감자 국수'도 소개합니다.

모든 문제를 푼 후 북쪽의 주요 지명과 위치를 다시 확인해 봅니다. 개성, 해주, 평양, 신의주, 기묘하고 향기가 있는 묘향산, 민족의 성산 백두산, 최북단 온성, 7개 보석 같은 칠보산, 명사십리가 있는 원산, 천하제일 명산 금강산 등의 위치를 확인해보면 나중에 북한 여행 계획 짜는 수업을 진행할 수도 있습니다.

한반도 행정구역 퍼즐 수업은 남과 북을 하나의 나라, 하나의 공간으로 인식하고 남북을 있는 그대로 볼 수 있게 해주는 활동입니다. 한반도 퍼즐을 통해, 그동안 잘 알지 못했던 북의 행정구역, 도시, 음식 등을 알게 됩니다. 분단으로 알기 어려웠던 북에 대해 대략적으로 알게 되었다면 이후에는 그 안에서 실제로 살아가고 있는 북측 주민을 구체적으로 보려는 노력이 필요합니다.

활동사진

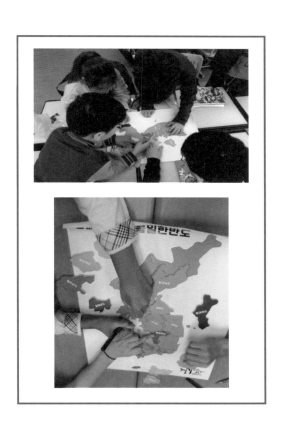

한반도 퍼즐을 맞추는 것까지는 동일한데 밑의 한반도 지도에 행정구역을 그리는 것을 다르게 할 수도 있습니다. 남북이 통일 되었을 때 학생들이 직접 행정구역을 나누고 행정구역의 명칭도 정해 보는 겁니다. 다음은 초등학생들이 상상한 행정구역 명칭입니다. '남북이 합쳐져서 남북도', '평화로운 대한민국 평화도', '밝은 미래가 전개되는 전개도', '한국을 알리는 방탄도', '전통을 지키는 태권도' 등 기발하고 의미가 있는 행정구역 명칭을 만들어 냅니다.

통일된 나라의 행정구역과 행정구역 명칭을 학생들이 직접 정해 봄으로써 나와 상관없이 멀리 있는 통일이 아니라 내가 만들어가는 통일로 상상해 볼 수 있습니다.

활동사진

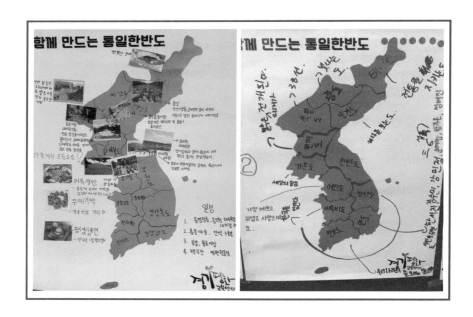

2) 남북의 다름을 알아가는 게임

(1) 남북 언어 빙고 게임

2018년 9월 19일 문재인 대통령은 남쪽의 대통령으로서는 처음으로 북측 주민 15만 명이 모인 5.1경기장에서 "남과 북은 5천년을 함께 살아왔고 70년을 헤어져 살아왔습니다. 분단 70년의 적대를 청산하고 평화의 큰 걸음을 내딛기를 제안합니다."라는 의미 있는 연설을 했어요.

남과 북이 70년을 넘게 갈라져 살다보니 말이 조금씩 달라진 것은 사실입니다. 엄밀하게 말하면 북측의 말이 달라진 것은 평양의 말(사투리)이 표준어가 된 것과 외래어를 순우리말로 바꾼 것입니다. '치약-이닦기약', '유모차-애기차', '녹차-푸른차', '도너츠- 가락지빵', '젤리-단묵' 같은 말은 남쪽 말과 다르지만 조금만 생각해보면 그 뜻을 쉽게 이해할 수 있습니다. 2018년 남북의 두 정상이 판문점 도보다리에서 통역사 없이 긴 시간 대화하는 것을 보면 대화가 불가능할 정도로 남북의 말이 달라진 것은 아님을 알 수 있습니다.

남북 언어빙고 게임은 분단 70년으로 생겨난 남북 언어의 다른 점을 알아보는 게임이에요. 그 다른 언어를 틀림이 아닌 다름으로 인식하는 것이 매우 중요한데. '치약'을 '이닦기약'이라고 부르고 '양파'를 '둥근파'라고 부른다고 해서 북이 틀린 것이 아니라는 거죠. 단지 우리랑 다른 것뿐입니다. 북을 설득의 대상으로 보는 것이 아니라 인정의 대상으로 볼 때 대화와 교류가 시작되고 평화의 과정이 만들어집니다.

☞ 활동은 이렇게

1. 개인별로 빙고용지를 나누어 줍니다.(가로 4칸×세로 4칸)

2. 먼저 제시어 1에서 8개 단어를 적고 그 다음 제시어 2에서 나머지 빈칸을 채웁니다.

남북의 단어비교 1

관절통	색쌈	녹차	다이빙	곽밥
드라이크리닝	가락지빵	댕기	볼펜	체조깔개
누운헤엄	일없다	빙수	버라이어티쇼	볶음밥
살충제	소프라노	잠약	새리새리하다	예방
유모차	외래어	의식주	바른사각형	하마

남북의 단어비교 2

뼈마디 아픔	계란말이	푸른차	뛰어들기	도시락
화학세탁	도넛	리본	원주필	매트
배영	괜찮다	단어름	노래춤 묶음	기름밥
벌레잡이약	여성고음	수면제	아리송하다	미리막이
애기차	들어온말	식의주	정사각형	물말

3. 단어를 부를 순번을 정해줍니다.

4. 빙고 단어를 지울 때 남북의 같은 뜻의 말을 동시에 지우게 합니다.
   (예 : (남)유모차 – (북)애기차, (남)치약 – (북)이닦기약처럼 남북의 같은 뜻의 다른 말 중에 하나만 있어도 지울 수 있고 둘 다 있으면 둘 모두를 지울 수 있습니다.)

5. 3줄 빙고를 먼저 완성하는 사람이 우승합니다.

남북의 언어 비교			
남	북	남	북
관절통	뼈마디 아픔	괜찮다	일없다
드라이크리닝	화학세탁	소프라노	여성고음
배영	누운 헤엄	외래어	들어온 말
살충제	벌레잡이약	의식주	식의주
유모차	애기차	다이빙	뛰어들기
계란말이	색쌈	쿵푸팬더	무술가 참대곰
도너츠	가락지빵	버라이어티쇼	노래춤 묶음
아리송하다	새리새리하다	볶음밥	기름밥
정사각형	바른사각형	예방	미리막이
도시락	곽밥	하마	물말
매트	체조깔개	볼펜	원주필
리본	댕기	수면제	잠약

1단계

남북 언어 통일빙고 용지를 개인별로 나누어 주고(가로 4칸×세로 4칸) 학생들은 선생님이 화면으로 보여주는 제시어 1에서 8개의 단어를 골라 빙고용지에 적어요. 그 다음에 제시어 2를 보여주면 나머지 8개 단어를 빈칸에 채웁니다.

제시어는 학생들이 좋아하는 것으로 대체해도 되는데 예를 들어 '바이킹-배그네', '자이로드롭-급강하탑', '캐러멜-기름사탕', '주스-과일단물', '빙수-단어름', '골키퍼-문지기', '서브-쳐넣기', '선글라스-색안경', '리본-댕기' 등이 있어요. 수학 용어로는 '항등식-늘같기식', '각도기-분도기', '꼭지점-정점', '부피-체적', '반지름-반경', '대각-맞물각', '공집합-빈모임', '반비례-꺼꿀비례', '기울기-변화비', 제곱미터-평방메터', '구구단-구구표' 등이 있습니다.

나머지 8개 단어를 먼저 채운 순서대로 학생들에게 번호를 지정해 주는데 이 번호는 남북 언어 빙고 게임을 시작할 때 단어를 얘기하는 순번이 됩니다.

2단계

첫 번째 학생이 '볶음밥'을 말하면 '볶음밥'과 '기름밥'을 적은 학생들은 두 단어를 지울 수 있습니다. 이 때 학생들은 아~하! 하면서 이 게임의 숨겨진 규칙을 알게 되지요. 이런 식으로 3줄 빙고가 나올 때까지 순번대로 진행을 하면 됩니다. 대략 소요시간은 10분 내로 3줄 빙고가 완성돼요. 대부분의 학생들은 이 게임을 더 하자고 요구할 만큼 초등학생부터 고등학생까지 모두가 재미있어 하는 게임입니다.

남북의 언어에는 특징이 있습니다. '치약'을 북쪽 말로 생각하기는 어려운데 '이닦기약'을 남쪽 말로 생각하기는 어렵지 않아요. '유모차'의 북쪽 말을 생각하기는 어려운데 '애기차'는 남쪽 말로 쉽게 이해됩니다. '쿵푸팬더' 영화 제목이 북에서는 '무술가 참대곰'으로 번역되어 불리는데 찬찬히 들여다보면 북의 번역이 이해가 됩니다. 쿵푸는 중국무술이고 팬더는 대나무를 주식으로 먹는 곰인데 대나무를 북에서 참대라고 합니다.

3단계

남북 언어 빙고 게임이 끝나면 남북의 단어를 맞추는 복습을 합니다. 그런 후 이 게임의 의미를 말해 주세요. 5천년을 같이 살아오면서 역사, 음식, 옷, 놀이, 문자 등 같은 것이 많이 있지만 갈라져 산지 70년이 넘으면서 달라진 것도 있습니다. 그런데 양파를 둥근파라고 한 북은 틀린 걸까요? 아니면 다른 걸까요? 북이 틀린 것이 아니라, 남과 북이 다르다고 봐야하지 않을까요?

또한 다름을 단지 인정하는 것에서 그치는 것이 아니라 그 다름에서 배우려고 하는 자세를 갖는다면 매우 바람직한 통일의 자세가 될 것입니다. '벙어리장갑'이 장애인을 차별하는 언어라는 비판이 있는데 북에서는 '엄지장갑'이라고 해요. 또한 유모차는 엄마만 미는 것이 아니라 아빠도 밀 수 있고 다른 사람들도 밀 수 있으니 '유모차'를 다르게 부르자는 사람들도 있는데 북에서는 아기가 타는 차라고 해서 '애기차'라고 부릅니다. 이런 말은 우리도 같이 사용하면 어떨까요?

(2) 남북 낱말 카드 맞추기

남북 낱말 카드 맞추기는 분단 70여년으로 인해 생겨난 남북의 같은 뜻 다른 말을 카드를 통해 알아보는 게임입니다.

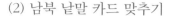

활동은 이렇게

1. 각 모둠별로 34장의 남북 낱말 카드를 나누어 줍니다.

2. 각 카드의 내용에 대해 설명을 해줍니다.

3. 카드의 앞면이 보이게 34장을 책상 위에 펼칩니다.

4. 카드를 잡을 수 있는 순번을 가위바위보로 정합니다.

5. 첫 번째 학생이 먼저 2장의 카드를 들어 뒷면의 그림이 같으면 정답카드로 자기가 가져 가고 그림이 다르면 오답카드로 제자리에 내려놓습니다. 그리고 다음 순번이 동일하게 합니다.

6. 이렇게 진행해서 바닥의 카드가 모두 사라지면 게임은 끝납니다.

7. 카드를 많이 가져간 학생이 우승을 합니다.

8. 남북의 낱말 카드를 복습합니다.

남북의 언어 비교			
남	북	남	북
양파	둥근파	주차장	차마당
빼기	덜기	주스	과일단물
캐러멜	기름사탕	하마	물말
벌집	벌둥지	치약	이닦기약
색쌈	계란말이	빙수	단얼음
유모차	애기차	리본	댕기
선글라스	색안경	도시락	곽밥
골키퍼	문지기	도넛	가락지빵
볶음밥	기름밥		

활동사례

1단계

모둠별로 34장의 남북 낱말 카드를 주면 각 모둠은 책상 위에 글씨가 잘 보이게 펼쳐 놓고 낱말카드를 집을 수 있는 순번을 모둠 내에서 가위바위보로 정합니다.

첫 번째 학생이 2장의 카드를 집어서 낱말카드 뒷면의 그림이 같으면 정답 카드로 자기 앞으로 가져가고, 그림이 다르면 오답카드가 되어 제자리에 놓습니다.

그리고 다음 순번의 학생이 위와 같은 방식으로 진행합니다. 이렇게 순번대로 진행을 하면서 책상 위에 카드가 모두 사라지면 게임은 끝나고 정답 카드를 많이 가진 학생이 우승자가 됩니다.

2단계

〈남북 낱말 카드 맞추기〉가 끝나면 남북 낱말 복습을 합니다. 학생들은 자신

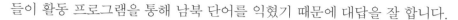

들이 활동 프로그램을 통해 남북 단어를 익혔기 때문에 대답을 잘 합니다.

　응용편입니다. 북녘 친구가 와서 '기름밥'을 먹고 싶다면 우리는 무엇을 주문해야 할까요? 여러분은 북녘 친구를 위해 '볶음밥'을 주문해줄 수 있나요? 하고 물어보면 학생들은 바로 대답합니다. 여러분들이 평양에 가서 평양 친구들이 기름사탕 먹을래? 하고 물어보면 무슨 뜻인지 알 수 있나요? 하고 물어보면 학생들은 무슨 말인지 안다고 대답합니다.

　2018년 자카르타 · 팔렘방 아시안게임 여자 카누용선 500m 경기에서 남북은 단일팀으로 출전하여 3주 연습만으로 최강 중국팀을 꺾고 금메달을 땄습니다. 처음에는 남북이 사용하는 용어가 다르고 어색하기도 했지만 남측 팀에서 경기 용어를 모두 북의 용어로 통일하기로 해서 '캐치 피니시'를 '물잡기 빼기'로, '화이팅'을 '힘내자'로 변경해서 사용했습니다. 남북 단일팀 감독은 "우리가 북측 선수를 따라가는 것 같지만 결국은 우리말을 쓰는 거다"라고 말하였습니다. 남과 북의 말이 조금 다른 면이 있지만 함께 하고자 하는 마음만 있다면 대화가 어려울 정도로 달라진 것은 아니지요.

활동사진

(3) 통일 짝 빙고 게임

통일 짝 빙고 게임은 남북 언어 빙고 게임의 변형으로 게임 규칙과 진행방식은 남북 언어 빙고 게임과 동일합니다. 남북 언어 빙고 게임이 남과 북의 달라진 낱말을 알아보는 게임이라면 통일 짝 빙고 게임은 남과 북의 유사한 것을 알아보는 빙고 게임입니다.

예를 들면 신라의 수도 경주와 고려의 수도 개성이 하나의 짝이 됩니다. 남의 최고지도자의 직책이 대통령이라면 북에서 최고지도자의 직책은 국무위원장입니다. 남쪽의 통일 방안이 '민족공동체통일방안'이라면 북의 통일 방안은 '고려연방제'가 됩니다.

우리는 북에 대해 같은 민족으로서 동질감을 갖고 있지만 다른 한편으로는 두려움도 갖고 있습니다. 하지만 상대를 잘 알게 되면 그 두려움은 조금씩 줄어들 것입니다. 남북의 연관된 짝들을 알아봄으로써 북에 대한 막연한 두려움을 줄여 봅시다.

통일 짝 빙고게임 풀이

짝1	짝2	짝의 의미
통일비용	분단비용	통일비용이 많이 들어서 통일이 싫다는 사람들이 있지만 통일이 되지 않으면 매년 막대한 분단비용이 나간다는 사실은 잘 모릅니다.
남방한계선	북방한계선	군사분계선(MDL, 휴전선)을 경계로 해서 북쪽으로 2km 물러난 선을 북방한계선(NLL), 남쪽으로 2km 물러난 선을 남방한계선(SLL)이라고 합니다. 그 사이(4km)의 공간을 비무장지대라고 합니다.
나진항	부산항	북쪽의 최북단 항구는 나진항이고 남쪽의 최남단 항구는 부산항입니다.(육지에서)
강원도	대홍단	남쪽의 감자 주산지는 강원도이고 북쪽의 감자 주산지는 양강도의 대홍단입니다.
개성	경주	고려의 수도 개성, 신라의 수도 경주
서브	쳐넣기	탁구용어로서 서브(남)-쳐넣기(북)

귤	송이버섯	2018년 9월 평양 정상회담 후 북에서 송이버섯 2톤(약 15억 원)을 남에 선물하였고 남은 답례로 제주 감귤 200톤(약 5억 원)을 선물합니다.
국무위원장	대통령	북쪽의 최고 지도자의 직책은 국무위원장, 남쪽의 최고 지도자의 직책은 대통령입니다.
롯데월드타워	류경호텔	남쪽에서 제일 높은 빌딩은 롯데월드타워(123층, 555m), 북에서 제일 높은 빌딩은 류경호텔(105층, 317m)입니다.
대성동	기정동	DMZ 안에 있는 유일한 남쪽의 마을은 대성동이고 북쪽의 유일한 마을은 기정동입니다.
삼한시대	고조선	대한민국의 국호는 삼한(三韓 –마한, 변한, 진한)에서 유래되었고 조선민주주의인민공화국의 국호는 고조선(古朝鮮)에서 유래되었습니다.
최고인민회의	국회	남쪽의 국회와 비슷한 기능을 하는 북의 기구는 최고인민회의입니다.
용평스키장	마식령스키장	남쪽의 대표적인 스키장은 강원도에 있는 용평 스키장이고 북쪽의 대표적인 스키장은 북 강원도에 있는 마식령스키장입니다.
백두산	한라산	남쪽에서 가장 높은 산은 한라산이고 북쪽에서 제일 높은 산은 백두산입니다.
해주	전주	남쪽에서 유명한 비빔밥은 전주비빔밥이고 북쪽에서 유명한 비빔밥은 해주 비빔밥입니다.
12년	9년	남쪽의 의무교육 기간은 9년(초등 6년, 중학생 3년)이고 북의 의무교육 기간은 12년(높은반 유치원 1년, 소학교 5년, 초급중학교 3년, 고급중학교 3년)입니다.
캐리비안베이	문수물놀이장	남쪽에서 가장 유명한 물놀이장이 '캐리비안베이'라면 북쪽에서 가장 유명한 물놀이장은 '문수물놀이장'입니다.
민족공동체 통일방안	고려연방제 통일방안	남쪽의 통일방안은 '민족공동체 통일방안'이고 북쪽의 통일방안은 '고려연방제 통일방안'입니다.
3억 $	100억 $	남쪽은 일본에게 3억 달러 배상을 요구했고 북쪽은 일본에게 100억 달러 이상의 배상을 요구하고 있습니다. (1965년 한일협정에서 일본은 독립 축하금 명목으로 3억 달러와 무상 2억 달러를 차관으로 주었다고 하고 대한민국은 식민지 배상 명목으로 받았다는 해석의 차이가 있음. 북은 일본에 식민지 배상금으로 100억 달러 이상을 내놓으라고 합니다.)
평양성	숭례문	남의 국보 1호는 '숭례문'이고 북의 국보 1호는 '평양성'입니다.

1단계

통일빙고 용지를 개인별로 나누어 주고(가로 4칸×세로 4칸) 학생들은 선생님이 화면으로 보여주는 제시어 1에서 8개의 단어를 골라 빙고용지 칸에 한 단어씩 적게 합니다. 그 다음에 제시어 2를 보여주면 나머지 8개 단어를 빈칸에 채웁니다.

나머지 8개 단어를 먼저 채운 순서대로 학생들에게 번호를 지정해 주는데 이 번호는 짝 빙고 게임을 시작할 때 단어를 얘기하는 순번이 됩니다.

제시어 1

통일비용	개성	롯데월드 타워	용평 스키장	캐리비안 베이
남방한계선	서브	대성동	백두산	민족공동체 통일방안
나진항	귤	삼한시대	인공위성	3억$
강원도	국무위원장	최고 인민회의	12년	평양성

제시어 2

분단비용	경주	류경호텔	마식령 스키장	문수 물놀이장
북방한계선	처넣기	기정동	한라산	고려연방제 통일방안
부산항	송이버섯	고조선	로켓	100억$
대흥단	대통령	국회	9년	숭례문

2단계

첫 번째 학생이 '평양성'을 말하면 '숭례문'과 '평양성'을 적은 학생들은 두 단어를 모두 지웁니다. 이 때 학생들은 아~하! 하면서 이 게임의 숨겨진 규칙을 알게 됩니다. 이런 식으로 3줄 빙고가 나올 때까지 순번대로 진행을 하면 됩니다. 대략 소요시간은 10분 정도면 됩니다. 다만 남북 언어 빙고 게임과는 다르게 통일의 짝의 의미에 대한 친절한 설명이 필요해요.

〈예시 1 : 분단비용-통일비용(통일편익)〉

'통일비용'은 통일하는데 드는 비용이고 '분단비용'은 분단을 유지하는데 드는 비용입니다. 많은 사람들이 '통일비용' 때문에 통일에 대해 부정적으로 생각하는데 함께 생각해줘야 할 것이 '분단비용'입니다. 60만 군인을 유지하고 고가의 많은 무기를 구입하는 분단비용은 분단이 지속되는 한 계속 들어가는 소모성 비용인데 이 비용에 대해서는 많은 사람들이 둔감합니다. 하지만 통일비용은 앞으로 들어갈 비용이라고 생각해서 그런지 이 비용에 대해 민감하게 생각합니다. 통일비용은 통일이 될 때 초반에만 들어가는 비용으로서 투자비와 같은 개념입니다.

또한 같이 생각해줘야 할 단어가 '통일편익'입니다. '통일편익'은 통일이 되었을 경우에 생겨나는 여러 이득을 말하는데 물류, 관광, 스포츠, 문화에서 엄청난 이득들이 생겨나고 엄청난 국방비를 복지비로 돌릴 수가 있습니다. 투자(통일비용)를 해서 이득(통일편익)이 생겨나는 것을 생각해봐야 하는 것이죠. 그리고 독일처럼 서독이 동독을 흡수하는 방식으로 통일하면 통일비용은 어마어마하게 들어가는 것이 맞습니다. 독일 방식이 아닌 상호존중과 협력의 방법으로 통일하면 통일비용은 크게 줄어들 것입니다.

〈예시 2 : (남)귤 - (북)송이버섯〉

2018년 9월 문재인 대통령이 평양을 방문하여 9.19평양공동선언을 합의할 때 김정은 국무위원장이 문재인 대통령에게 송이버섯 2톤을 선물 했습니다. 이에 대한 답례로 문재인 대통령은 김정은 국무위원장에게 200톤의 귤을 선물합니다. 오고가는 선물 속에 서로를 배려하는 따뜻한 마음이 느껴집니다. 북의 송이버섯 2톤에 비해 귤 200톤은 우리가 너무 많이 주었다고 생각할 수도 있지만 가격으로 비교해보면 그렇지 않아요. 송이버섯 2톤의 시가는 15억 원이고 귤

200톤의 시가는 5억 원이거든요.

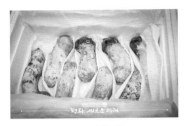

ⓒ 청와대

ⓒ 픽사베이

〈예시 3 : (남)서브-(북)쳐넣기〉

'서브'와 '쳐넣기'란 단어를 보면, 2018년 남북관계가 좋아지면서 남북 탁구팀
도 단일팀으로 친해지기 시작했는데 동생인 북쪽의 김송이 선수가 언니인 남쪽
의 서효원 선수에게 '언니가 쳐넣기 해'하니까 서효원 선수가 '너 선배한테 쳐넣
기!!'하면서 농담을 주고받은 일화가 있어요. 이렇게 남과 북의 말이 달라 오해
가 생길 수도 있습니다.

〈예시 4 : (남)캐리비안베이-(북)문수물놀이장〉

'문수물놀이장'은 평양에 있는 워터파크예요. 대부분의 학생들은 문수물놀이
장 사진이나 동영상을 보여주면 매우 좋아하고 집중해서 봅니다. 그러면서 진
짜 북에도 저런 것이 있냐고 물어보기도 하죠. 가난한 북에 워터파크가 있다는
것이 그들에게는 믿겨지지 않는 듯합니다. 학생들뿐만 아니라 어른들의 기억에
는 북이 매우 힘들었던 1990년대의 모습만이 있는 것이죠. 그러나 김정은 정권
이 들어선 이후 주민들을 위한 체육, 문화시설, 휴양지가 평양뿐 아니라 지방에
서도 급속히 늘어나고 있습니다. 2018년 9월 문재인 대통령의 평양방문을 통해
변화하고 있는 모습을 생중계로 확인을 할 수 있었습니다.

3단계

통일의 대상인 북의 모습을 남북 비교를 통해 알아보았습니다. 비교 과정에서 이해가 가는 이야기도 있고 이해하기 어려운 부분도 있을 겁니다. 이해하기 어려운 부분은 어려운대로 잠시 남겨두고 나중에 남북의 왕래가 자유롭게 이루어질 때 북녘 학생과 직접 만나서 의문점을 풀어가면 좋겠습니다. 상대방을 인정하고 평화롭게 소통한다면 오해는 조금씩 풀리면서 이해는 늘어갈 것입니다. 그에 따라서 북에 대한 우리의 막연한 두려움도 사라질 것이라 봅니다.

(4) 남북 짝 카드 맞추기

남북 짝 카드 맞추기는 남북 짝 빙고게임처럼 남과 북의 관련성 있는 짝을 만들어 같은 점과 다른 점을 알아보는 활동 프로그램입니다. 예를 들면 남쪽의 '한글날'을 북에서는 '조선글날'이라고 부릅니다. 또한 남에서는 '오징어'를 북에서는 '낙지'라고 하고 도로 교통 표지판의 '정지' 표시를 북에서는 '섯'이라고 합니다.

분단 70여년으로 인해 생겨난 다름을 남북 짝 카드를 통해 알아보고자 합니다.

☞ 활동은 이렇게

1. 각 모둠별로 52장의 남북 짝 카드를 나누어 줍니다.

2. 각 카드의 내용에 대해 설명을 해줍니다.

3. 남북 짝 카드 중 짝이 되는 카드 24장을 고른 후, 6×4 형태로 카드의 앞면이 보이게 책상 위에 펼칩니다.

4. 카드를 집을 수 있는 순번을 가위바위보로 정합니다.

5. 첫 번째 학생이 먼저 2장의 카드를 들어 뒷면의 내용이 관련이 있으면 정답카드로 자기가 가져가고 관련이 없으면 오답카드로 제자리에 내려놓습니다. 그리고 다음 순번이 동일하게 합니다.

6. 이렇게 진행해서 바닥의 카드가 모두 사라지면 게임은 끝납니다.

7. 카드를 많이 가져간 학생이 우승을 합니다.

8. 남북의 짝 카드를 복습합니다.

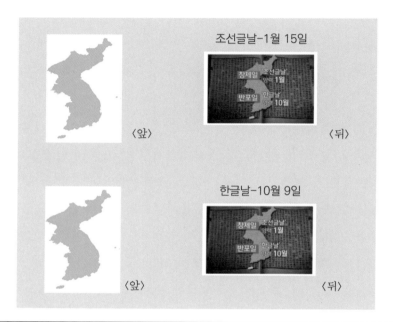

남북의 짝 비교			
남	북	남	북
한글날 10월 9일	조선글날 1월 15일	과천 동물원	중앙동물원
정지	섯	서대문자연사박물관	평양자연박물관
오징어	낙지	부산 송정해수욕장	원산 송도원해수욕장
입학식(3월 초)	입학식(4월 1일)	롯데월드	만경대유희장
방과 후 학원	방과 후 소조	프렌즈 레이싱	평양 레이서
인라인	롤러스케이트	한라산	백두산

활동사례

1단계

각 모둠별로 52장의 남북 짝 카드를 나누어주고 각 카드에 대한 설명을 합니다. 모둠은 카드 앞면(한반도 이미지)이 잘 보이게 책상에 펼칩니다. 그 후 가위바위보를 통해 카드 집는 순서를 정합니다.

맨 처음 학생이 2장의 카드를 들고 뒷면의 이미지가 관련이 있으면 자기 앞으로 가져가고 2장의 카드가 관련이 없으면 제자리에 내려놓습니다.

이렇게 해서 바닥의 카드가 모두 사라지면 게임이 끝나고 카드를 많이 가져간 학생이 우승자가 됩니다. 하나 팁을 주자면 이 게임은 다른 학생이 들어서 보여준 카드가 어디에 놓이는지를 잘 기억하는 게 중요합니다.

2단계

남북 짝 카드 맞추기 활동을 하면서 학생들은 북에 대해 새롭게 아는 것뿐만 아니라 호기심을 키웁니다. 북에도 롯데월드와 같은 놀이공원이 있다는 사실에 놀라고 비슷한 놀이기구가 있는지, 롯데월드와 같은 실내 놀이공원도 있는지 궁금해 합니다. 여기서, 남북 언어빙고에서 예시로 들었던 놀이기구의 명칭을 알려주면 더 재미있어 하면서 공통점과 차이점을 이해하게 되지요.

남쪽의 서울대공원과 북쪽의 중앙동물원은 들어가는 입구부터 공통점을 찾아냅니다. 바로 호랑이 조형물이 있는 것입니다. 또한 호랑이 입으로 들어가는 북쪽의 중앙동물원을 보며 신기해하죠. 동물원을 좋아하는 것은 모든 아이들의 공통점입니다.

학생들은 평양 문수물놀이장을 보면서 '오~~', '와~'라는 감탄사를 냅니다. 왜냐하면 북에도 워터파크가 있다는 것이 놀랍기 때문입니다. 간혹 평양 문수물놀이장의 모습을 보면서 "문수물놀이장은 북주민의 소수만 갈 수 있는 곳이 아닌가요?" 라고 질문하는 학생이 있습니다. 그러나 문수 물놀이장은 평양시민 뿐만 아니라 지방 주민들도 이용합니다.

　　남측의 '정지'표시판은 북측에서는 '섯'이라고 표시하는 것에 학생들은 많이 재미있어 합니다. '섯', '정지' 모두 영어로 표현하면 'stop'입니다. 외국인은 두 단어의 차이를 이해할 수 없겠지만 같은 언어를 사용하는 우리는 북에서 사용하는 '섯' 표지판을 '정지'만큼 쉽게 이해할 수 있습니다. '섯'이라는 표현은 '정지'보다 강렬한 느낌을 줍니다.

3) 평화통일 우표 만들기

　우표는 편지나 소포 등의 우편물에 붙여 우편 요금을 냈음을 증명하는 증표입니다. 1840년 영국에서 처음으로 우표제도(세계 최초 우표 : 페니 블랙)가 실시되었고 우리나라에서는 1884년에 우정 사업을 시작하면서 처음으로 우표를 발행했습니다.

　우표에는 보통우표 · 기념우표 · 특별우표 · 크리스마스 씰 등이 있는데 역사적으로 존경받는 인물, 기념비적인 건물, 자연, 동식물, 역사적 사건 등을 우표로 제작했습니다.

　평화통일 우표 만들기는 우표를 통해서 남과 북에서 공통적으로 존경하는 인물은 누구이고 남북이 공동으로 기념하는 역사적인 사건들이 뭔지를 알아보는 것입니다. 그리고 남북이 통일이 되었을 때를 기념하는 평화통일 우표를 학생들이 직접 만들어 봅니다.

　통일을 나와 상관없는 일로 느끼는 것이 아니라 구체적으로 상상해보며 기대와 관심을 가질 수 있게 해봅니다.

☀ 활동은 이렇게

1. 우표의 의미와 남북의 우표를 비교해봅니다.(남북이 공통으로 존경하는 인물, 남북이 통일을 위해 같이 노력한 일들 알아보기)

2. 평화통일 우표 활동지를 학생들에게 나누어 줍니다.

3. 우표에 들어갈 내용을 정합니다.
   (통일국가 이름, 통일년도, 우표에 들어갈 말과 그림, 우표 가격)

4. 학생들의 평화통일 우표 발표 시간을 갖습니다.
   (통일 년도의 의미, 통일국가 이름의 의미, 그림의 의미, 가격의 의미 등)

활동사례

1단계

먼저 학생들에게 우표의 의미를 간단하게 설명하고, 남북의 우표에 대해서 알아봅니다.

1. 단군에 대한 남과 북의 우표가 있을까요? 하고 물어보면 없다고 대답하는 친구들도 있습니다. 하지만 남북 모두 단군에 대한 기념우표가 있습니다. 둘 다 한반도 최초의 국가인 고조선을 세운 사람으로 기념하고 있습니다.

2. 남과 북은 한글을 기념하고 있을까요? 네. 기념을 하고 있습니다. 다만 기념하는 내용이 조금 차이가 있을 뿐입니다. 남에서는 한글을 반포한 날을 '한글날'로 기념하고 북에서는 한글을 창제한 날을 '조선글날'로 기념해서 기념우표를 제작했습니다.

아래 그림 중에서 어느 쪽이 남쪽의 한글 기념우표인지 맞춰보세요.

어느 쪽이 남측 우표일까요?

학생들 사이에서도 대답은 반반으로 나옵니다. 남북의 한글 기념우표를 구분하기는 쉽지 않죠? 정답은 2번입니다.

3. 북도 이순신 장군을 존경할까요? 북에서는 '임진왜란'을 '임진조국전쟁'이라고 조금은 다르게 부르지만 이순신 장군을 존경합니다. 이외에도 남과 북에서 같이 존경하고 기념하는 인물로는 최무선, 문익점, 양만춘, 신사임당, 김홍도, 김정호, 정약용 등 많은 분들이 있습니다.

4. 북에서도 '3.1운동'을 기념하고 '안중근 의사'를 존경하는 기념우표가 있을까요? 라고 물어보면 여기서도 학생들의 의견은 반반으로 나뉩니다. 북에서는 '3.1인민봉기'라 부르며 3.1운동을 기념하고 '안중근 애국열사' 기념우표도 제작했습니다. 우리가 한 번 더 생각해 볼 점은 안중근 의사가 목숨을 바치면서까지 되찾고자 했던 독립국가가 분단된 나라였을까요? 상해임시정부의 주석이었고 분단을 막기 위해 마지막까지 애쓴 김구 선생님은 "통일을 제2의 독립운동"이라고 말하였습니다.

© 단지12.com

© 단지12.com

5. 북에서는 독도를 어떻게 생각할까요? 라고 물어보면 "독도는 자기네 땅이 아니니 신경 쓰지 않을 것이다."라고 말하는 학생도 있고 "잘 모르겠어요.", "같이 일본을 욕 할 것이다."라고 말하는 등 학생들의 의견은 다양합니다. 실제로 북에서는 '조선의 섬 독도' 기념우표도 만들고 일본에 대해서는 "파렴치하고 뻔뻔하기 이를 데 없는 섬나라 족속들"이라고 비난도 하고 있습니다. 하지만 우리는 그런 북의 모습을 잘 알지는 못하죠.

6. 남과 북은 적대적인 대립을 할 때도 있지만 대화와 협력을 위한 노력도 하고 있습니다. 2000년 김대중 대통령과 김정일 국방위원장이 만난 최초의 남북정상회담, 2007년 노무현 대통령과 김정일 국방위원장이 만난 두 번째의 남북 정상회담, 2018년 4월, 5월, 9월 문재인 대통령과 김정은 국무위원장의 3번에 걸친 정상회담입니다. 남북은 이 모든 정상회담을 기념하는 우표를 제작했습니다.

2단계

1단계에서는 우표의 의미, 남북이 같이 존경하는 사람, 사건, 기념일과 적대가 아닌 대화와 협력을 위한 남북 정상회담들을 알아보았습니다. 이번에는 남북이 통일이 되었을 때를 가정하고 학생들이 직접 통일기념 우표를 제작해 봅니다.

평화통일 기념우표 활동지를 학생들에게 나누어주고 우표에 반드시 들어가야 할 내용을 알려줍니다. 통일되는 연도, 통일국가 이름, 우표에 넣을 말, 우표 그림, 금액입니다. 학생들이 만든 평화통일 기념우표에서 많이 나오는 통일되는 연도는 2030년입니다. 그리고 많이 나오는 글귀는 '전쟁은 그만', '우리는 하나다', '사랑이 꽃 피는 우리나라' 등입니다.

　학생들이 제작한 평화통일 우표의 의미와 내용을 발표하는 것으로 수업을 마무리합니다.

활동사진

4) 북녘 학생 성철이의 일기

남과 북은, 5천 년 동안 한반도라는 같은 공간에서 살면서 만들어온 역사, 언어, 전통 문화, 의식주를 비롯한 많은 부분이 같습니다.

북에 직접 가서 같은 점과 다른 점을 확인하면 좋겠지만 지금은 그렇게 할 수 없으니 〈북녘 학생 성철이의 일기〉를 통해 간접적으로나마 같은 또래 학생들의 생활을 알아보도록 합니다.

〈북녘 학생 성철이의 일기〉를 통해서 한번은 자신들과 같은 점을 찾아보고 또 한 번은 다른 점을 찾아봄으로써 북에 대해 더 구체적으로 알아보는 활동입니다.

남북의 같은 점에서 동질감을 느끼고 서로 다른 점에서는 상호 존중의 자세를 배워봅니다.

👉 활동은 이렇게

1. 각 모둠별로 '북녘 학생 성철이의 일기'를 나누어 줍니다.
2. 성철이의 일기를 읽고서 우리와 같은 점을 모두 찾습니다.
3. 모둠별로 발표를 합니다.
4. 같은 점이 왜 있는지를 이야기하고 선생님이 보충 설명을 합니다.
5. 이번에는 성철이의 일기에서 우리와 다른 점을 모두 찾습니다.
6. 모둠별로 발표를 합니다.
7. 다른 점이 왜 있는지를 이야기하고 선생님이 보충 설명을 합니다.

북녘 학생 성철이의 일기 (우리와 같은 점을 찾으세요)

주체109(2020)년 4월 1일 월요일

새 학기가 시작되는 오늘부터 나는 이 학교의 최고 학년인 소학교 5학년생이 되었다. 들뜬 마음으로 새 교복을 입고 학교에 가니 4년 동안 우리를 사랑으로 가르쳐 준 김진희 담임선생님이 반갑게 맞이해 주었다. 8시에 시작한 1교시는 역사시간이었다. 선생님은 조선시대에 많은 백성들이 중국 한자를 쓰기 힘들어 하는 모습을 보고 백성들이 쉽고 편하게 사용할 수 있는 '조선글'을 세종대왕이 만들어주었다고 했다. 나는 속으로 '세종대왕님 고맙습니다.' 하고 감사 인사를 했다.

나는 빨리 곽밥을 먹고 3반 친구들과 축구를 했는데 후반에 얻은 벌차기에서 내가 찬 볼이 문지기를 뚫고 들어갔을 때는 정말 기분이 너무 너무 좋았다. 오후 과외활동으로 만경대학생소년궁전에 가서 축구를 배운 후에 친구 영봉이에게 손전화로 롤러스케이트를 같이 타자고 하니 일없다고 대답하였다.

북녘 학생 성철이의 일기 (우리와 다른 점을 찾으세요)

주체109(2020)년 4월 1일 월요일

새 학기가 시작되는 오늘부터 나는 이 학교의 최고 학년인 소학교 5학년생이 되었다. 들뜬 마음으로 새 교복을 입고 학교에 가니 4년 동안 우리를 사랑으로 가르쳐 준 김진희 담임선생님이 반갑게 맞이해 주었다. 8시에 시작한 1교시는 역사시간이었다. 선생님은 조선시대에 많은 백성들이 중국 한자를 쓰기 힘들어 하는 모습을 보고 백성들이 쉽고 편하게 사용할 수 있는 '조선글'을 세종대왕이 만들어주었다고 했다. 나는 속으로 '세종대왕님 고맙습니다.' 하고 감사 인사를 했다.

나는 빨리 곽밥을 먹고 3반 친구들과 축구를 했는데 후반에 얻은 벌차기에서 내가 찬 볼이 문지기를 뚫고 들어갔을 때는 정말 기분이 너무 너무 좋았다. 오후 과외활동으로 만경대학생소년궁전에 가서 축구를 배운 후에 친구 영봉이에게 손전화로 롤러스케이트를 같이 타자고 하니 일없다고 대답하였다.

1단계

〈북녘 학생 성철이의 일기〉 활동지를 모둠별로 나누어 줍니다. 위, 아래 일기는 같은 일기인데 위의 일기에서는 같은 점을 찾고 아래 일기에서는 다른 점을 찾습니다.

성철이의 일기에서 자신들과 같은 점을 모두 찾도록 합니다. 충분히 시간을 준 후 모둠별로 돌아가면서 같은 점을 1~2개씩 발표하게 합니다. 교사는 칠판을 크게 T자로 나누어서 상단 왼쪽에 같은 점, 상단 오른쪽에 다른 점이라고 쓴 후 모둠별로 발표한 내용을 모두 칠판에 적어 주세요. 학생들에게서 나오는 이야기를 정리해 보면 다음과 같습니다.

번호	같은 점
1	역사를 배운다.
2	역사가 같다.
3	담임선생님이 있다.
4	세종대왕을 존경한다.
5	축구를 한다.
6	골을 넣으면 좋아한다.
7	롤러스케이트를 탄다.(롤러스케이트를 남에서는 인라인이라 함)
8	과외를 한다.
9	같은 3반이다.
10	우리와 날짜가 같다.
11	요일이 같다.
12	이름이 우리와 같다.
13	한글을 사용한다.

왜 남과 북은 같은 점이 있을까요?

하나는 고조선 때부터 조선까지 5천년이라는 시간 동안 함께 해왔기 때문에 역사, 문화, 언어, 의식주 등 많은 부분에서 같은 점이 있습니다.

또 다른 이유로는 북이라고 해서 우리와 사는 모습이 크게 다르지 않다는 겁니다. 북은 통제가 심하고 인권이 없는 나라이기 때문에 축구나 과외 활동이 없고 잘 웃지 않는다고 생각하는 학생들도 많고, 북은 매우 가난한 나라인데 진짜 인라인이 있냐고 물어보는 학생도 있지요. 또 북에도 손전화(핸드폰)가 있다고 하면 깜짝 놀라기도 합니다. 현재 북에는 약 600만대의 핸드폰이 사용되고 있습니다. 남쪽에 비해 그 수가 많은 것은 아니지만 북 인구 2천 5백만 명 중에 600만대는 적은 수는 아닙니다. 북에도 '문수물놀이장'이라는 워터파크가 있고 '평양 레이서'라는 게임이 있으며 마을마다 농구장, 축구장, 인라인스케이트장 같은 체육시설이 있고, 무료로 예체능과 과학을 배우는 소년학생궁전이 있습니다.

세상에서 제일 무서운 개가 '편견'이라고 합니다. 편견은 뭐든지 한쪽 방향으로만 보려는 경향이 있고 이것이 다시 반복되는 악순환의 고리가 만들어지기 때문에 무서운 것입니다. 이제는 북을 편견 없이 있는 그대로 바라보는 것이 필요합니다.

〈만수대소년학생궁전에서 과외활동 중〉

〈평양 문수물놀이장에서〉

〈북 주민의 핸드폰〉

〈같이 우산 쓰고 가는 학생〉

ⓒ 통일TV

2단계

이번에는 활동지 아래 일기에서 자신들과 다른 점을 찾아보게 하고 다른 점을 발표하게 합니다.

학생들에게서 나오는 내용을 정리해보면 다음과 같습니다.

번호	다른 점
1	날짜를 쓰는 방식이 다르다. (김일성 주석이 태어난 해인 1912년을 '주체 1년'이라고 함)
2	새학기 시작일이 다르다. (남 3월초, 북 4월 1일)
3	학교 명칭이 다르다. (초등학교-소학교, 북은 소학교가 5년이다.)
4	교복을 입는다.
5	한글을 조선글이라고 한다.
6	담임선생님이 바뀌지 않는다. (북은 독일, 스웨덴처럼 소학교 5년 동안 학생과 담임선생님이 바뀌지 않음)
7	수업 시작 시간이 다르다. (남은 9시, 북은 8시)
8	쓰는 낱말이 다르다. (곽밥-도시락, 벌차기-프리킥, 볼-볼, 문지기-골키퍼, 손전화-핸드폰, 일없다-괜찮다)
9	만경대학생소년궁전이 있다. (북에만 있는 청소년 시설로서 남의 청소년 수련관과 비슷한데 예체능과 과학기술을 무료로 배운다.)

왜 남과 북에 다른 점이 있을까요?

그 이유는 남과 북이 70여 년 동안 떨어져 다른 제도로 살아왔기 때문입니다. 1945년 8월 15일 우리는 일본으로부터 해방의 기쁨을 맞이했지만 동시에 우리 민족의 의사와는 상관없이 미국과 소련이라는 두 강대국에 의해 강제적으로 분단이 되었습니다. 그리고 1950년 한국전쟁으로 분단은 고착되어 지금까지 지속되고 있습니다.

북쪽 사람들은 태어나서 죽을 때까지 평생을 조직생활, 정치생활을 합니다.

북에서는 소학교 2학년에 '조선소년단'에 입단해서 조직생활을 시작하고 초급 중학교 3학년에 '김일성-김정일 사회주의청년동맹'에 가입하여 조직생활을 이어 갑니다. 사회에 나가서는 노동자는 직맹(조선직업총동맹)에, 농민은 '농근맹(조선농업근로자동맹)'에, 여성은 '녀맹 (조선사회주의여성동맹)', 당원은 당(조선로동당)에 소속되어 한사람도 빠짐없이 조직생활, 정치생활을 하는 것이 우리와 크게 다른 점입니다. 조직생활을 통해 개인보다는 집단, 공동체의 이익을 위해 생활하는 것이 보람되고 행복한 삶이라고 배우게 됩니다. 북은 '하나는 전체를 위하여, 전체는 하나를 위하여(사회주의 헌법 제63조)'라는 구호를 헌법에도 명기함으로써 개인 보다는 집단, 공동체를 더 중시하는 것이 우리와 가장 큰 차이입니다.

3단계

북의 이런 모습은 우리에게는 낯선 모습이지만 그들의 생활 모습을 그대로 인정하고 존중하는 자세가 필요합니다. 이것은 북쪽 친구들도 남쪽 친구들을 대할 때 마찬가지입니다. 이것을 우리는 '상호존중'이라고 합니다. 상호존중은 상대방을 적대하는 것이 아니라 웃으며 악수하자는 것으로 통일의 출발선에 서는 겁니다.

그 다음 필요한 것은 평화적인 교류협력입니다. 교육, 체육, 군사, 정치, 의회, 의료, 경제, 예술, 문화, 교통, 산림, 여성, 노동자, 농민, 청년 등 사회 모든 분야에서 평화적인 교류협력이 일어나면 대한민국의 공식 통일방안인 〈민족공동체 통일방안(1994년)〉의 1단계 〈화해협력〉에 들어서는 것이고, 이것은 2000년 남북 두 정상이 합의한 6.15공동선언의 이행이기도 합니다. 6.15 공동선언은 4장에서 상세히 다룰 예정입니다.

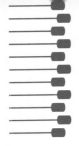

읽을거리 : 북에 대한 가짜뉴스, 우리와 다른 점

1. 탈북자의 말은 모두 진실일까?

- TV조선에서 하는 〈모란봉 클럽〉 프로그램의 189회 방송을 보면 어느 탈북자가 나와서 자기는 전대협 대표인 임수경 학생 앞에서 〈내 나라 제일로 좋아〉노래를 독주했다고 말합니다. 그러나 〈내 나라 제일로 좋아〉노래는 1991년에 나온 노래여서 1989년 임수경 대표 앞에서의 독주는 원천적으로 불가능했습니다.[6]

※ 임수경 : 1989년에 정부의 허가를 받지 않고 전대협(전국대학생대표자협의회) 대표로 평양에서 개최된 제13차 세계청년학생축전에 참석한 대학생입니다. 남으로 내려와서는 국가보안법 위반으로 징역 5년, 자격정지 5년을 선고 받았습니다.

- 세계북한전략연구센터 소장인 탈북자 안찬일씨는 TV조선의 〈모란봉 클럽〉 189회에 나와서 "김일성 주석은 이성계를 싫어하기 때문에 이성계와 관련된 문화유적들은 관리하지 않아 함흥에 있는 본궁도 쑥대밭이 됐다"라고 말했습니다. 본궁은 태조 이성계가 이방원에게 임금 자리를 물려주고 고향인 함흥에 내려가 사는 집을 말합니다. '함흥차사'라는 말이 생겨난 곳입니다. 함흥 본궁은 북 역사유적 107호로 지정되어 있으며 "대동강 맥주가 맛있다"는 말로 2015년 강제출국 당한 재미동포 신은미씨의 함흥 본궁 사진을 보면 잘 보존되어 있음을 확인할 수 있습니다. 북이탈주민들의 말이 모두 진실은 아닙니다. 진실을 이야기 하는 사람도 있고 거짓을 이야기하는 사람, 자신도 잘 모르면서 마치 잘 아는 것처럼 이야기하

---

6) 출처 : 유튜브 "왈가왈북"

는 사람도 있습니다. 그래서 남북 교류협력이 필요합니다. 남쪽 사람들이 직접 가서 보고 듣는 것이 매우 중요합니다.[7]

2. 언론에서 하는 말은 모두 진실일까?

- 북을 '부활의 나라'라고 농담 반, 진담 반으로 이야기를 합니다. 죽었다가 살아난 사람이 많아서 그렇게 말한 것 같습니다. 2013년 8월 29일 〈조선일보〉는 삼지연 관현악단 단장인 현송월이 북의 은하수악단과 왕재산음악단, 모락봉악단 소속 가수 등 9명과 음란 동영상을 촬영했다는 혐의로 총살되었다는 단독 보도를 하였습니다. 그러나 현송월 단장은 2018년 평창 동계 올림픽 때 삼지연 관현악단 단장으로 남측에 내려와서 강릉과 서울에서 공연을 하여 총살설이 거짓으로 판명되었습니다. 지금은 김정은 국무위원장의 애인설로 변형되어 유튜브에서 돌고 있습니다. 2020년 김정은 위원장의 건강 이상설도 마찬가지입니다. 탈북 정치인 태영호, 지성호는 김정은 위원장이 활동이 불가능할 정도로 건강에 이상이 생겼다고 장담하였으나 그들의 말은 신뢰를 잃었습니다.

이외에도 1986년 11월 김일성 주석 사망설, 2016년 2월 리영길 북한군 총참모장(국군 합동참모의장에 해당) 처형설이 사실이 아닌 것으로 드러났습니다. 김영철 조선노동당 부위원장이 강제 노역 등 혁명화 조치에 처해진 것으로 알려졌다고 조선일보의 2019년 5월 31일자 기사가 있었지만 나중에 오보로 판명났습니다. 또 대남정책의 실패 등을 이유로 숙청되었다(조선일보 2008년 4월 기사)고 알려진 리수용은 조선민주주의인민공화국의 외무상으로 활동했습니다.[8]

3. 우리는 북에 대해 자유롭게 말할 수 있을까?

- 기독자유당은 2020년 1월 8일 성명서를 통해 인기리에 방영된 tvN의 '사랑의

---

7) 출처 : 유튜브 "알가알북"   8) 출처 : 시사위크 / 한겨레 21 2019년 6월 7일자 인터넷신문

불시착' 드라마가 북을 미화해서 국가보안법 7조 찬양·고무죄에 해당되어 검찰에 고발한다고 하였습니다. "대한민국의 주적은 북한이며, 그들은 그 어떠한 이유로도 미화될 수 없다"면서, "적을 구분하지 못하는 대통령과 방송사로 인해 국민들이 선동되었다"면서 고발의 이유를 밝혔죠. 우리는 언제쯤이 되어야 북을 있는 그대로 말하고 자유롭게 창작 소재로 사용할 수 있을까요?

4. 남과 북이 다른 점은 무엇일까?
- 북에는 거주 이전의 자유가 없을까?

북의 헌법 제75조에는 "공민은 거주, 여행의 자유를 가진다"라고 명시되어 있는데 "왜 북에는 거주 이전의 자유가 없다"고 말할까요? 북은 국가에서 주택을 배정해주며 주택 매매나 임대는 불법인 사회주의 국가입니다. 북은 직장과 집의 거리가 대중교통편으로 거의 20분 이내에 있게 배정을 합니다. 북 주민이 거주 이전을 하려면 먼저 자기가 일할 직장에서 그 사람을 받아주어야 합니다. 그러면 직장이 있는 관할 인민위원회 노동국에서 주택을 배정해줍니다. 일할 직장이 정해져 있지 않은데 자기 마음대로 가고 싶은 지역에 가서 살 수 없는 사회 구조인 것입니다.

남쪽에서는 자신이 살고 싶은 곳에서 마음대로 살 수 있는 자유가 있다고 말하지만 엄밀하게 말하면 자신의 재산 정도에 따라 거주 이전의 자유가 있는 것은 아닐까요? 내가 가진 재산이 많지 않은데 강남 3구에서 살고 싶다고 해서 살 수 있을까요?

평양으로의 이주가 다른 지역보다 어려운 것은 사실입니다. 북은 많은 사람들이 모두 평양, 대도시로 몰려 지방이 공동화되는 것을 방지하기 위해 국가균형발전 차원에서 평양에 들어오는 것을 엄격하게 제한한다고 합니다.

북에는 거주 이전의 자유가 없다는 말은 남과 북의 체제가 다름으로 생겨난 오해라고 봅니다.[9]

- 평양은 특권층만 살고 있을까?

초등학교 6학년 수업을 하는데 한 학생이 쉬는 시간에 찾아 와서 "평양은 0.5%의 특권층만 사는 곳이기 때문에 북의 일반적인 모습이라고 할 수 없어요." 라고 얘기를 합니다. 아마도 앞 시간에 본 북의 초고층 빌딩이 있는 려명거리와 남쪽의 워터파크와 같은 문수 물놀이장, 스마트폰을 사용하는 북 주민의 모습에 대한 반론인 것 같습니다.

학생이 말하는 특권층이 정확히 어떤 의미, 대상인지는 알 수 없으나 평양시민 모두가 특권층이라고 했으니 북의 특권층은 10%보다 훨씬 더 많습니다. 왜냐하면 평양인구는 250만 명으로 북 인구의 10%이고 여기에 북의 9개 도와 2개 특별시에 있는 고위 당간부, 고위 군간부, 고위 행정관료를 포함하면 북의 특권층이 너무 많다는 생각이 듭니다. 또한 북의 특권층만 핸드폰을 사용한다고 하는데 북의 2018년 핸드폰 가입자 수는 약 600만대(조봉현 IBK 북한경제연구소 부연구소장)로 북 전체 인구의 24%가 핸드폰을 가지고 있습니다. 특권층만 살고 있다는 평양에서만 핸드폰을 사용하는 것이 아니라 지방의 주민들도 핸드폰을 많이 사용하고 있고 그런 사진은 북을 방문한 외국인의 SNS나 구글에서 쉽게 찾아볼 수 있습니다.

우리는 매일 쏟아지는, 북에 관한 정보를 접하고 있습니다. 그 정보들이 모두 사실일까요? 위에서 살펴본 것처럼 우리는 북에 대해 잘 모르고 있습니다. 잘 모르는 것을 넘어 잘 못 알고 있습니다. 잘 못 알고 있는 북, 잘 모르고 있는 북을 알 수 있는 가장 좋은 방법은 직접 만나는 것입니다. 그래서 '만남이 통일이다'라는 표어가 있는 것입니다.

9) 출처: 4.27시대 연구원의 〈북 바로 알기 100문 100답〉 92쪽

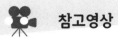 **참고영상**

– 유튜브 "왈가왈북"   – 유튜브 "김진향 TV"   – 유튜브 "통일TV"

 참고도서

〈우리, 함께 살 수 있을까?〉 (김진향 / 슬로비)

〈좌충우돌 아줌마의 북맹 탈출 이야기〉 (김이경 / 내일을 여는 책)

〈재미동포 아줌마, 북한에 가다〉 (신은미 / 네잎클로바)

〈선을 넘어 생각한다〉 (박한식 / 부키)

〈평양의 시간은 서울의 시간과 함께 흐른다〉 (진천규 / 타커스)

〈북 바로 알기 100문 100답〉 (4.27시대 연구원 / 사람과사상)

〈북한은 처음이지?〉 (김정한 / 라이스메이커)

3장 분단의 역사와 아픔

1) 분단카드 배열하기

여러분은 지금 평화로운가요?

뜬금없이 무슨 얘긴가 싶겠지만 평상시에 우리는 평화에 대해 깊게 생각할 기회가 없습니다. 마치 공기 같다고나 할까요? 공기처럼 평화 역시 눈에 보이지 않기 때문에 인식하며 지내기는 힘들지만 공기라는 것이 나의 건강과 생과 사를 결정짓는 중요한 요소인 것처럼 평화 역시 나의 삶을 안정되고 행복하게 누리게 하는 중요한 요소라는 것은 누구도 부정할 수 없을 것입니다. 평화가 없는 세상을 한번 생각해보세요. 누구나 만나기만 하면 싸움을 벌이고, 내 안에 화가 가득 하고, 더 나아가 나라와 나라가 전쟁을 겪는다면? 생각만 해도 끔찍할 것입니다.

남아프리카 공화국에서 평등 선거 실시 후 뽑힌 세계 최초의 흑인 대통령이자 평화주의자였던 넬슨 만델라는 이렇게 말했습니다. "평화는 인간이 개발해야 할 가장 위대한 무기이다." 가장 위대한 무기가 평화라니!!! 그만큼 평화의 중요성을 강조한 것이겠지요. 개인의 평화는 개인의 노력으로도 얻을 수 있습니다. 하지만 나라와 도시의 평화는 개인의 노력으로 얻는 데는 한계가 있습니다. 정책, 제도 등이 뒷받침 되어야 이룰 수 있을 것입니다.

그렇다면, 우리나라는 지금 평화로운 상태일까요?

이 질문에 대해서 아까와는 다르게 고민하게 될 것입니다. 전 세계에서 유일하게 남은 분단국가이면서 세계에서 가장 호전적인 나라로 인식되는 북측과 휴전선을 사이에 두고 있으니 평화롭지 않다는 생각이 들다가도 당장은 지금 나의 삶에 크게 영향을 받고 있지 않으니 평화로운 것 같다는 생각이 들 수 있겠죠.

이런 질문을 아이들에게 하면 잠시 고민하다가 "전쟁이 끝나지 않았으니 평화롭지 않아요." 라고 이야기하는 친구도 있고, "저는 식구들과 친구들과 행복하게 살고 있으니 평화로운 거 같아요." 라고 말하는 친구들도 있습니다. 비단 전쟁이 아니더라도 요즘 뉴스에서 접하는 무서운 소식 때문에 평화롭지 않다고 이야기하는 친구들도 있지만요.

나의 삶은 평화로운 듯 보이지만, 내가 살고 있는 사회를 보면 그렇지 않다고 생각하는 것은 우리가 전쟁과 대결의 역사를 반복하고 있는 분단국가에서 살고 있기 때문입니다. 이러한 현실에 대해 사람들은 말합니다. 그런 평화는 반쪽짜리 평화라고, 분단국가에서 산다는 것은 내 삶을 반쪽자리로 만들고 있는 것이라고 말입니다.

앞서 말했듯이 우리나라는 전 세계에서 유일하게 남은 분단국가입니다. 우리나라 근현대사 대부분의 아픔은 분단이 원인인 경우가 많습니다. 대표적으로 보수, 진보로 나뉘는 이념 대립, 색깔 논쟁, 남남 갈등, 지역 갈등 등. 이러한 문제들은 우리 사회가 더 나은 민주주의를 실현하는 데 저해 요인이 됩니다. 사회적 합의를 어렵게 하고 국가의 주요 사안을 결정하는데 시간을 비롯한 경제적 비용을 낭비하게 하죠. 그렇기 때문에 분단을 극복하고 이러한 문제들을 해결하기 위해서는 왜 그런 일들이 일어났었는지 원인분석을 위해 알아보는 과정이 중요하겠죠.

"역사를 잊은 민족에게 미래는 없다." 라는 말처럼 앞으로 평화로운 한반도를 그리기 위해서는 과거에 어떤 일들이 있었는지 아는 것이 무엇보다 필요합니다.

이 활동의 이름은 '분단카드 배열하기' 라고 부릅니다. 분단이 이뤄지게 된 결정적인 장면과 연관된 사진 혹은 그림을 무작위로 나열하고 역사순서에 맞게 재배치하며 분단순서를 알아보는 활동입니다. 이를 통해 우리나라 분단 과정의 역사적인 배경에 대해 알게 되고 앞으로 우리가 나아갈 방향에 대한 고민을 해 볼 수 있게 합니다.

👉🔆 활동은 이렇게

1. 우리나라 아픔의 시작인 분단의 과정에 대해 설명할 수 있는지 묻습니다. 분단의 과정을 알아보기 위해 큰 사건 위주의 그림을 여러 장 (4장~6장) 준비하여 보여줍니다.

이외에도 학년이 높아질수록 모스크바 3상 회의, 남북 연석회의 등의 사진을 준비해도 좋습니다.

2-1. 모둠별로 같은 사진을 나눠준 후 재배치하여 어떤 사건들일지 사진 아래에 적게 하여 발표를 합니다.

2-2. 혹은 A4지 사이즈에 사진을 출력하여 칠판에 자석을 이용하여 순서대로 붙이며 설명을 들어봐도 좋습니다.

3. 답을 맞힌 모둠에게는 상을 주어도 좋고, 친구들의 의견을 들어 본 후 정답을 알아보는 시간으로 이어가면 됩니다.

1단계

아이들의 상상력을 자극하기 위해 "여러분은 지금 평화로운가요?" 라는 질문을 합니다. 아이들은 "네." 혹은 "아니요."라고 대답을 합니다. 왜 그렇게 생각하는지 이유들을 들어보면 개인적인 이야기들을 하지요. 하지만, 우리가 평화롭기 위해서는 우리가 살고 있는 세상이 평화로워야 하겠지요. 그래서 "우리나라는 평화로운가요?" 라는 질문으로 평화에 대한 생각을 확장합니다. 평화롭다고 답하는 친구들도 있지만 그렇지 않다고 이야기하는 친구들도 있고 잘 모르겠다고 말하는 친구들도 있습니다. 안타깝게도 저학년일수록 평화롭다고 대답하는 친구들이 많지만 고학년으로 갈수록 평화롭지 않다고 대답하는 친구들이 많습니다. 주변에서 접하는 소식이나 자신이 처한 환경이 편안하지 않은 탓이겠지요. 우리나라가 평화롭지 않은 이유에 대해서는 최근 이슈가 되고 있는 사건, 사고 때문이라고 말하는 친구들도 있지만 대부분은 북측과 전쟁이 끝나지 않아서라고 답하는 친구들이 많습니다. 맞습니다. 우리나라는 아직 전쟁이 끝나지 않은 휴전상태입니다. 그래서 남과 북은 모두 전쟁을 대비하며 각종 무기와 군인들로 대치를 하고 있으며 서로를 적으로 규정하고 있습니다. 우리나라의 평화를 이야기하기 위해서는 시작점인 분단에 대해 알아볼 필요가 있습니다. 그렇기 때문에 민족의 아픔인 분단 과정에 대해 알아보는 시간을 갖겠다고 하며 활동을 시작합니다.

2단계

모둠별로 분단과 관련된 큰 사건이 담겨있는 사진이나 그림카드를 나눠 줍니다. 그러면 친구들끼리 이야기를 나누며 분단 순서를 재배치합니다. 가끔은 자기의 생각이 맞다고 주장하며 의견 대립을 갖기도 하지요. 나름의 이유를 들며 이야기를 하는 중에 어떤 식으로든 정리가 됩니다.

3단계

모둠별로 정리된 순서를 발표합니다. 칠판에 재배치한 순서대로 붙이며 그렇게 생각한 이유를 설명하기도 하고, 가끔은 연도까지 이야기하며 나름 진지하게 참여를 합니다. 대부분의 경우는 답을 맞히는 것이 쉽지 않습니다. 위에서도 얘기했듯이 한국전쟁을 분단의 시작이라고 의심 없이 믿고 있는 친구들이 많기 때문이지요. 또한 38선과 휴전선이 같은 선이라고 혼동하는 경우도 많습니다. 그래서 한 번에 정확하게 배치하는 친구들이 많지 않습니다. 어떻게 보면 가장 최근의 역사임에도 불구하고 제대로 설명하지 못하거나 알지 못하는 데에는 아직도 분단이 현재 진행형이기 때문일 것입니다.

4단계

아이들의 생각을 들어보았으면 이제는 분단의 역사에 대해 알아볼 시간입니다. 1945년 8월 15일 해방과 동시에 남과 북은 미국과 소련에 의해 38선으로 분단이 되었습니다. 그 후 1948년 8월 15일 남쪽에서 먼저 '대한민국' 정부가 수립되고, 9월 9일 북쪽에서도 '조선민주주의인민공화국'이 수립됩니다. 1950년 한국전쟁이 발발한 후 1953년 7월 27일 정전협정이 체결되면서 분단이 고착화 된 것이지요. 38선과 휴전선(군사분계선)이 생긴 모습도 다르고 이 모든 과정들이 불과 8년 만에 이뤄진 것이라는데 친구들은 깜짝 놀랍니다. 이런 설명을 듣고 나면 분단의 원인이 북측 때문이라고 말하는 친구들은 없습니다. 그 당시 상황이 강대국 속에서 약소국으로 힘을 펴지 못하고 민족이 똘똘 뭉치지 못해 안타깝게도 분단이 된 것이지요. 분단은 우리가 원해서 된 것은 아니지만 통일은 우리가 원해서 우리가 원하는 방향으로 해야 하지 않을까 라는 생각으로까지 사고가 확장되는 것. 이것이 바로 역사를 공부하는 의미일 것입니다.

우리와 같은 분단국이었던 서독에서는 1976년 서독의 보수와 진보를 망라한 교육가, 정치가, 연구자 등이 독일의 소도시 보이텔스바흐에 모여 정립한 교육 지침인 보이텔스바흐 합의에 따라 정치교육이나 민주시민교육을 진행하고 있다고 합니다. 우리도 비판적 역사 인식을 갖기 위해서는 모든 것을 열어놓고 아이들 스스로 깊이 있게 고민하고 판단하게 해야 합니다.

(정답 순서)

활동사진

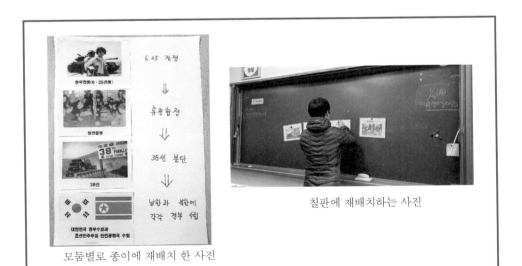

모둠별로 종이에 재배치 한 사진   칠판에 재배치하는 사진

2) 사진으로 분단의 아픔 상상하기

전쟁을 통해 분단이 고착 된지도 어언 70여년이 흘렀습니다. 그 당시 어린 꼬마였던 친구는 벌써 7,80대 할머니, 할아버지가 되었습니다. 흘러간 세월만큼 분단의 시간도 흘렀고 이제는 분단된 나라에서 사는 것이 너무나 익숙해져 버렸습니다.

간단한 예로 지난 1장에서도 알아봤듯이 우리는 반도 국가임에도 해외(海外)여행을 갑니다. 그리고 그것의 불편함과 이상함을 인지하지 못합니다. 또 하나의 예로 우리는 다른 국가와의 접경지역을 상상할 때 철조망과 군인들을 당연하게 떠올립니다. 남과 북이 전쟁이 끝나지 않은 상태로 서로를 적으로 규정하며 대치하고 있기 때문이지요.

다른 나라의 접경지역은 어떨까요? 미국과 캐나다는 산에 있는 나무를 베어 놓은 선으로 국경선을 나눕니다. 네덜란드와 벨기에는 도로에 표시한 선으로 국경선을 나눕니다. 심지어 국경선 위에 가게가 있거나 가정집이 놓여 있기도 하지만, 전혀 문제가 되지 않습니다. 특히, 유럽의 경우는 EU라는 공동체로 묶여 있기에 나라와 나라 사이의 왕래가 너무나 자유롭지요.

〈세계의 다양한 국경 모습〉

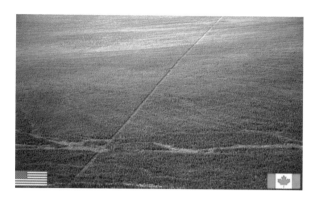

미국과 캐나다

스페인과 포루투칼

네델란드와 벨기에

아르헨티나와 파라과이와 브라질

이렇듯, 알게 모르게 우리는 분단사회에 살면서 생각의 틀이 좁아졌습니다. 이것 역시 분단으로 인한 사고의 단절이겠지요. 그렇다면 전쟁으로 혹은 분단으로 생긴 아픔들, 불편함은 또 어떤 것들이 있을까요?

관련된 사진들을 통해 내용을 상상해보고 알아보는 시간을 통해 분단국가로서의 아픔을 느낄 수 있습니다.

👉 활동은 이렇게

1. 5장의 사진을 보여준 후 각각 어떤 모습일까? 물어봅니다.

2. 이후 모둠별로 이야기를 나누며 채울 수 있게 사진이 들어간 활동지를 나눠 줍니다.

3. 시간은 너무 많이 주지 않아도 됩니다. 5분 정도에서 마무리를 짓고 각자가 생각한 내용들을 발표하는 시간을 갖습니다.

활동사례-1

1단계

활동으로 들어가기 전, 화면으로 각각의 사진을 보며 이야기를 나눕니다. 어떤 모습인 것 같은지? 사람들의 표정은 어떤지? 왜 흑백사진일지? 등등 아이들이 상상의 나래를 펼칠 수 있는 질문들을 던져줍니다. 그리고 모둠별로 활동지를 나눠주면 아이들이 사진을 자세히 들여다보며 어떤 상황들일지 생각을 합니다. 어떤 모둠은 이야기가 잘 되기도 하지만, 어떤 모둠은 이야기가 되지 않을 때도 있습니다. 그럴 때는 개인별로 하나씩 맡아서 해보는 방법을 권하기도 합니다.

〈활동사진 예시〉

2단계

모둠별로 다 채웠으면 칠판에 적어보며 생각을 모아봅니다. 대부분의 친구들이 첫 번째 사진은 교통사고라는 이야기를 많이 합니다. 두 번째, 세 번째 사진은 이산가족, 네 번째 사진은 다양한 대답이 나옵니다. "벌 서는 사진이다.", "엄마한테 혼났다." 등 말이죠. 다양한 사진을 보며 자유로운 상상을 한 후 어떤 사진인지 알아보면서 답을 맞히는 재미도 있고, 미처 생각하지 못했던 사진의 내용을 알게 되면 분단의 아픔이 절절함으로 다가옵니다. 특히, 어린아이의 사진은 처음에는 엄마한테 혼났다. 그래서 '벌서고 있는 것이다.'라는 이야기를 많이 적습니다. 전쟁터에서 사진기를 총으로 오해해서 살려달라고 손을 들게 된 것이라는 사실을 알게 되면 전쟁의 참혹함을 간접적으로 느낄 수 있습니다. 이를 통해 전쟁이 얼마나 사회를 황폐하게 하는지 느끼게 됩니다.

3단계

사진의 배경 설명을 하다보면 아이들이 가장 놀라는 사진이 철원 지뢰 폭발 사진과 손을 들고 있는 아이 사진입니다. 그리고 이산가족 상봉에서 만난 두 형제가 헤어질 때 서로를 꼭 껴안고 볼에 뽀뽀를 하는 사진을 볼 때 역시 경건해지지요. 일단, 지뢰 폭발로 인해 운전하셨던 분이 그 자리에서 돌아가셨다는 이야기에는 분위기가 숙연해지며 분단국가에 살면서 지뢰를 포함한 무기의 위험성에 대해 다시금 생각하는 시간이 됩니다. 아이가 손을 들고 있는 사진의 배경을 설명할 때는 농담으로 적었던 친구들이 특히 깜짝 놀라며 자신들의 생각을 반성하는 친구들도 있습니다. 그러면서 전쟁을 겪었던 윗세대들의 마음을 조금이라도 공감하게 됩니다.

활동지 사진 설명

사진	아이들 생각	사진설명
ⓒ철원인터넷뉴스	- 교통사고가 난 것이다. - 태풍에 망가진 사진이다. - 전쟁 중 망가진 사진이다.	2016년 11월 30일 강원도 철원군에서 대전차 지뢰 폭발로 트럭 운전자 (41세)가 사망한 사고의 사진입니다. 공사구간에 있는 미확인 지뢰지대에서 군부대가 지뢰제거작전을 수행한 후, 공사를 시작하자마자 트럭의 좌측 앞바퀴 아래에서 대전차 지뢰가 폭발한 것입니다. 운전석이 파괴되면서 운전수는 그 자리에서 목숨을 잃었습니다. 두 번째 사진을 보면 사고 현장의 참상을 알 수 있습니다. 특히나 접경지역에 사는 사람들에게 지뢰 문제는 현실인 것입니다. 비록 전쟁이 진행되고 있지는 않지만, 전쟁이 끝나지 않은 분단국가에 살면서 언제든 이런 위험에 직면할 수 있는 현실에 긴장을 하고 아픔에 공감하게 됩니다.
ⓒ뉴시스 ⓒ연합뉴스	- 이산가족 사진	딱 봐도 너무나 닮은 두 분은 남과 북에 떨어져 살게 된 형제입니다. 2010년 제18차 남북 이산가족 1차 상봉 때 형제분이 만나 파안대소 하며 정을 나누는 모습이지만 헤어질 때는 서로의 얼굴을 부여잡고 아쉬움에 발길이 떠나지 않았다고 합니다. 현재 이산가족 상봉은 한번 선정이 되어 만나면 다시 선정되기는 어렵다고 합니다. 왜냐하면 아직 한 번도 보지 못한 신청자들이 많기 때문입니다. 이분들이 생전에 다시 만날 날이 있을까요? 아마 없겠죠. 그러니 저렇게 애틋할 수밖에 없는 모습일 것입니다.

©통일뉴스	– 이산가족 사진 – 환갑잔치	이 사진은 2004년 5월 서울에서 열린 〈일본군 '위안부' 문제 아시아연대회의〉에서 남측 김윤심(왼쪽에서 두번째) 할머니와 북측 리상옥 할머니가 기쁨의 포옹을 하고 있는 모습입니다. 남북이 공통으로 안고 있는 아픔인 위안부 문제는 함께 해결해 가야 할 우리의 과제이기도 합니다
	– 엄마한테 혼나서 벌서는 사진 – 잘못해서 혼나는 사진	이 사진은 사진가 오스만이 터키 국경에 있는 시리아 난민촌에 갔을 때 찍은 사진입니다. 사진가는 난민촌에 있는 한 꼬마 아이를 향해 카메라를 들었는데 꼬마 아이는 입술을 앙 다물고 천천히 두 손을 들어 올렸다고 합니다. 4살짜리 꼬마 아이 아디 후데아는 사진가의 카메라를 총으로 오인한 것입니다. 왜냐하면 꼬마 인생에 검고 길고 큰 물체는 총밖에는 본 적이 없을 테니 살기 위해서는 항복의 의미인 손을 드는 것이 최선이라는 것을 알고 있기 때문이지 않을까요? 전쟁의 가장 큰 피해자는 어린아이라는데, 정말 가슴 아픈 사진입니다.
	– 지게꾼이 나무를 파는 모습 – 6.25 때 모습	이 사진은 1946년 겨울 미군병사가 찍은 사진으로 38선을 건너가기 위해 미국 군인에게 부탁을 하고 있는 지게꾼의 모습입니다. 군인 뒤에 나무판자에 38이라고 쓰여 있는 저곳이 바로 최초의 분단선인 38선인 것입니다. 우리가 상상하던 분단선과는 달리 너무 허접하게 그어져 있습니다. 그리고 그 분단선을 지키고 있는 것이 외국군인인 것만 봐도 우리 민족이 원해서 분단이 된 것이 아님을 알 수 있는 대표적 사진입니다

4단계

사진들을 통해 분단의 아픔에 대해 공감하며, 혹시 내가 느끼는 분단의 아픔이나 불편함은 없는지, 빼앗긴 자유는 없는지 다시금 생각하는 계기가 되는 것이 이 활동의 의미입니다. 분단의 아픔과 불편함은 비단 남쪽만의 문제는 아닙니다. 같은 시대와 같은 공간을 살아오면서 북측도 역시 아픔과 피해, 불편함이 있습니다. 이를 받아들이는 과정 역시 그들을 적으로 생각하는 것이 아니라 같은 민족으로서 같은 아픔을 갖고 있음에 공감하는 것입니다. "통일을 왜 해요? 그냥 지금 그대로 살아요." 라고 하는 학생들에게 분단국가로 사는 것이 정상적인 것이 아님을 인지하게 하는 것이죠. 불편함을 느끼고 깨달아야 그것을 해결하기 위한 방법을 고민하게 됩니다.

우리나라의 대표적인 평화학자인 이재봉 교수님은 분단을 3단계[10]로 나눠 설명합니다.

1단계 지리적 분단 : 1945년 8월 15일

2단계 체제·이념·정치의 분단 : 1948년 두 개의 정부 수립

3단계 전쟁으로 인해 원수가 된 민족 분단 : 1950년 한국전쟁

분단이라는 것은 나누어지고 끊어진다는 의미의 단어입니다. 과연 무엇이 나누어지고 끊어진 것일까요? 영토의 분단(지리적 분단)일까요? 정치이념의 분단일까요? 아니면 민족의 분단일까요? 그렇다면 통일은 무엇일까요? 우리는 쉽게 국토와 정치체제의 통합만을 통일이라고 생각하진 않았나요? 증오와 대결의 마음을 넘어 차이를 이해하고 존중하는 마음을 모아내는 것이 통일의 가장 중요한 숙제가 아닐까요?

'사고(思顧)하다'라는 말이 있습니다. 깊이 있게 생각해보고 돌아보고 반성할

---

10) 〈이재봉의 법정증언〉 (들녘, 2015), "한반도 분단과 한국전쟁," 62-87쪽.

것은 무엇인지, 다시금 고쳐야 하는 것은 무엇인지, 앞으로 나아가야할 것은 무엇인지 시간을 들여 알아보는 과정입니다. 분단이 무엇인지 깊이 있게 생각해 보고 통일에 대해 사고(思顧)하는 것이 역사를 대하는 우리의 자세일 것입니다.

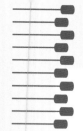

읽을거리 ① : 분단의 과정 살펴보기

1. 일제강점기 (1910~1945)

일제에게 나라를 빼앗긴 1910년부터 1945년까지의 민족 수난기를 말합니다. '일본제국주의가 강제로 점거했던 기간'이라 하여 일제강점기라 부릅니다. 우리의 국권을 강탈해 간 일제는 조선 총독부를 설치한 뒤 행정, 입법, 사법 및 군대까지 손에 쥐고 우리 민족을 탄압했지만, 우리 민족은 일제에 맞서 독립운동을 벌이며 나라를 되찾기 위해 노력을 하였습니다.

2. 38선 분단 (1945. 8. 15)

1945년 연합군의 승리로 일본이 항복을 선언함으로써 일제 강점기는 막을 내리게 됩니다. 그러나 해방의 기쁨을 만끽하기도 전에 우리나라는 두 동강이 나고 맙니다. 1945년 2월에 미국, 영국, 소련의 지도자들은 크림 반도에 있는 얄타에 모여 전후 전범(戰犯) 국가와 그 점령 지역 처리 문제에 대한 일정한 합의에 도달하게 됩니다.

그리고 8월 10일 미국은 일본이 항복을 하면 38선 이남은 미군이, 38선 이북은 소련군이 주둔하는 것을 제안합니다. 8월 11일 소련은 미국의 이 제안을 수용합니다.[11] 이렇게 한반도의 분단은 우리 민족의 의사와 상관없이 광복 이전에 확정되었습니다.

소련군은 8월 9일 한반도 북부에 들어왔으며, 미군은 9월 8일에 인천을 통해 서울로 들어와 일본군의 무장을 해제하게 됩니다. 38도선은 처음에는 미·소 양군이 일본군 무장 해제를 위해 설정한 단순한 군사 분계선에 불과했지만, 미국과

---

11) 〈핵과 인간〉 (서해문집, 2018) 64쪽

소련의 대립 속에 우리 국토를 두 동강 내는 원한 맺힌 선이 되고 말았습니다.

3. 모스크바 3상 회의 (1945. 12. 16~12. 27)

1945년 12월 16일 미국, 영국, 소련은 세계 2차 대전 이후의 문제를 처리하기 위해 모스크바에서 외무장관 회의를 개최했는데, 이 회의를 '모스크바 3국 외상 회의'(모스크바 3상 회의)라고 합니다.

이 회의에서 합의된 사항은

1. 한반도에 임시 민주 정부를 수립할 것
2. 임시정부 수립을 위한 미·소 공동 위원회를 설치할 것
3. 미국, 소련, 영국, 중국은 임시 정부 수립을 돕기 위해 최대 5년까지 신탁 통치를 실시할 것
4. 2주일 이내에 조선에 주둔하는 미·소 양군 사령부 대표로서 회의를 소집할 것

[1945년 12월 27일자 동아일보에 실린 1면 기사로, 기사 내용에는 '외상회의에 논의된 조선독립 문제- 소련은 신탁통치주장, 소련의 구실은 38선 분할 점령, 미국은 즉시독립주장' 이라 쓰여 있다.]

[1945년 12월에 열린 신탁통치 반대파와 모스 크바 3상회의 지지파의 집회 사진]
ⓒ 위키백과

신탁통치 오보사건(信託統治 誤報事件)은 모스크바 3상회의가 아직 끝나지 않은 1945년 12월 27일, 동아일보가 "소련이 신탁통치를 주장하고 미국은 한국의 즉시 독립을 주장한다"는 내용의 잘못된 보도를 최초로 내보낸 사건을 말합니다. 이 오보로 인하여 한반도에서는 신탁통치 반대파와 모스크바 3상회의 지지파의 갈

등이 폭발하게 되었습니다. 이는 신탁통치를 주장했던 것으로 잘못 보도되었던 소련 공산당 반대 운동으로까지 이어졌습니다. 시간이 지나 오보였음이 밝혀졌으나 여전히 3상회의 지지파와 신탁통치 반대파로 좌우의 대립이 깊어졌습니다.

5. 남북연석회의 (1948. 4. 18)

1948년 4월 남북의 정치지도자들이 통일정부 수립을 목표로 평양에서 개최한 정치회담을 말합니다. 미국, 소련 그리고 남북, 좌우의 대립으로 인해 통일정부 수립의 꿈이 좌절되어 가던 즈음, 중도파 정치인들을 중심으로 남북지도자 회담(남북협상)을 통한 문제 해결이 제기되기 시작하였습니다. 이는 1948년 5월 10일 UN 감시 하에 남측만의 단독정부 수립이 예정되어 있었기 때문입니다. 이를 막기 위해 1948년 1월 우파와 중도파의 대표적 정치인이었던 김구와 김규식이 미·소 양군 철수, 남북요인회담과 총선을 통한 통일정부 수립이라는 대원칙에 합의하면서 남북협상은 빠르게 진전되었고, 2월 16일에는 두 사람의 서한이 북측의 정치지도자 김일성, 김두봉에게 발송되었습니다.

김구는 남한만의 단독 정부 수립이 결국 우리 민족의 분단으로 이어질 것을 우려하며 1948년 2월 눈물로써 동포들에게 호소하는 글을 쓰기도 했습니다.

"여러분, 저는 삼천만 동포에게 눈물로 호소합니다.

이렇게 우리가 갈라서게 된다면, 앞으로 남북한은 서로를 향해 칼을 겨누게 될지도 모르고, 국제적인 압력과 도발 앞에 무력해질지도 모릅니다.

저는 38도선 위에 몸을 뉘이고 쓰러질지언정, 단독 정부를 세우는 일은 절대로 돕지 않겠습니다.

동포, 자매, 형제여! 조국을 위하여 한 번 더 생각해 주세요."

- 1948년 2월 백범 김구 -

즉각적인 답변을 하지 않던 북측은 3월 25일에 이르러 공식적인 답변을 내놓았지만, 그것은 남북요인회담이 아니라, 남북 정당·사회단체 대표자 연석회의를 역제의한 것이었습니다. 북측에서는 정치지도자간의 회담이 아닌 범위가 훨씬 넓은 정치단체 대표자들의 연석회의를 주장하고 나온 것입니다. 회담의 성격이 변화되었음에도 남측의 중도파, 민족주의 단체들은 적극 찬성의사를 밝혔고, 김구, 김규식이 이를 수락함으로써 역사적인 남북연석회의가 시작되었습니다. 그러나 아쉽게도 총선거를 통한 통일정부 수립이라는 남북연석회의의 합의는 실현되지 못하였습니다. 그럼에도 이 회의는 분단의 길목에서 남북의 정치인들이 이념적 대립에서 벗어나 통일정부 수립 방안을 논의하고 합의를 이루었다는데 의미가 있습니다.

남북조선 정당사회단체 지도자협의회 공동성명서

남조선 단독 선거에 반대하는 전조선 사회단체 대표 연석회의에 뒤이어 평양에서 4월 30일 남북조선 정당사회단체 지도자들의 협의회가 진행되었다. 이 협의회에서는 상정된 문제를 충분히 토의한 결과 다음과 같이 제 문제에 대하여 협의가 성립되었다.

1. 외국군대 철수
2. 내전 반대
3. 전조선 정치 회의를 소집을 통한 민주주의 임시정부가 즉시 수립
4. 남조선 단독 선거 반대

1948년 4월 30일
(원문 축약본)

6. 두 개의 정부 수립

(대한민국정부 수립 1948. 8. 15, 조선민주주의인민공화국 수립 1948. 9. 9)

1948년 4월 19일 김구는 각계각층의 반대와 방해를 무릅쓰고 38도선을 넘어 북으로 향했습니다. 갖은 노력 끝에 김구는 북측의 지도자인 김일성을 만나 외국 군대를 철수시키고 통일 임시 정부를 수립할 것을 논의하고 돌아왔습니다. 그러나 아무도 김구의 남북 협상의 결과에 귀 기울이지 않았습니다. 결국 1948년 5월 10일, 남측만의 단독 선거가 치러졌으며 5.10 총선거를 통해 국회의원을 선출하고 제헌 국회를 구성하게 됩니다.

1948년 7월 17일에는 제헌 헌법이 선포되었고, 이에 따라 국회에서 대통령으로 뽑힌 이승만 대통령은 8월 15일에 대한민국 정부가 수립되었음을 국내외에 알렸습니다. 북측도 1948년 9월 9일에 김일성을 수상으로 하는 조선민주주의인민공화국을 세웠습니다. 그해 12월 UN은 대한민국이 한반도 유일의 합법적인 정부임을 인정하며 결국 한반도에는 두 개의 나라가 세워진 것입니다.(UN 총회 결의안 제195호)

1948.8.15 대한민국 정부 수립

1948.9.9 조선민주주의인민공화국 수립

7. 한국전쟁 (1950. 6. 25~1953. 7. 27)

서로 다른 체제를 갖고 있는 두 개의 정부가 수립됨으로 분단의 씨앗이 뿌려지면서 어쩌면 전쟁은 예고된 것이나 다름없었습니다. 한국전쟁이 발발하기 전에도

38도선 부근에서 크고 작은 군사 충돌이 벌어지곤 했습니다. 그러다 1950년 6월 25일, 북측이 38도선 전역에서 공격을 개시하며 한국전쟁이 발발하게 된 것입니다.

전쟁은 준비된 인민군의 일방적인 승리로 시작되었습니다. 그러나 참전하지 않을 것으로 북측이 예상했던 미국이 즉각 전쟁에 개입하였습니다. 6월 27일 미 공군의 참전을 시작으로, 일주일도 채 되지 않아 일본에 있던 미 육군도 한국에 상륙하게 되면서 미국을 중심으로 16개국이 참여한 국제 연합(UN)군이 참전하였고, 북쪽으로는 중공군이 참전하면서 전쟁의 양상은 국제전으로 변하게 됩니다.

전쟁은 1951년에 마무리될 수도 있었으나, 정전 협상을 2년간 끌면서 그 사이에 많은 젊은이들이 아까운 생명을 잃었습니다.

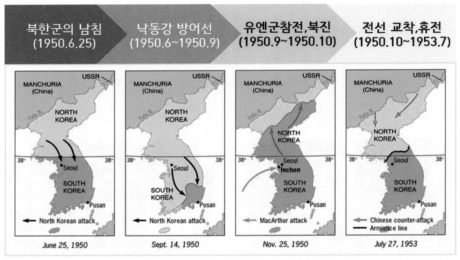

[지도로 보는 한국전쟁. 초기에는 인민군의 일방적인 우세로 시작됐지만, 유엔군의 참전으로 전세가 역전된다. 그러나 중공군이 개입하면서 일진일퇴하다 휴전협상이 시작된 1951년 6월부터 교착상태에 빠졌다.]

협상이 길어진 가장 큰 이유는 포로 송환 문제 때문이었습니다. 공산군 측은 "포로는 적극적 적대 행위가 종료된 후 지체 없이 석방하고 송환하여야 한다."는 포로 대우에 관한 제네바 협정(1949. 8. 12) 118조를 내세워 양측 포로의 무조건 송환을 요구하였습니다.

UN군 측은 "포로의 자유의사에 따르자."(1952. 12. 3)며 인도정부가 제안한 포로문제에 대한 결의안을 근거로 자신의 의사에 반하여 불이익을 받아선 안 된다는 제네바 협정의 또 다른 조항을 내세우게 됩니다. 인민군이든 국군이든 전쟁 중에 자신의 의사와 관계없이 강제로 징집된 사람들이 많았기 때문입니다. 결국 양측은 포로의 자유의사에 따른 송환에 합의하며 정전협정을 체결하였습니다.

8. 정전협정 체결 (1953. 7. 27)

[위 사진은 판문점에서 정전 협정을 조인하는 장면이다.] ⓒ 위키백과

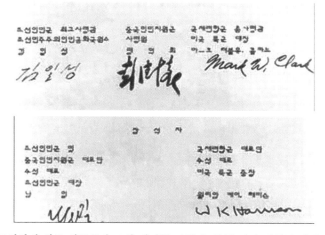

[조인서의 윗줄 왼쪽부터 조선 인민군 사령관, 중국 인민 지원군 사령원, 미 육군대장의 서명이 보이고, 그 아래는 조인식에 참가한 인민군 대표 남일과 유엔군 대표 해리슨의 서명도 보인다.] ⓒ 위키백과

정식 명칭은 '국제연합군 총사령관을 일방으로 하고 조선민주주의인민공화국 최고사령관 및 중국인민지원군 사령원을 다른 일방으로 하는 한국 군사정전에 관한 협정'입니다. 1950년 6월 25일 한국전쟁이 일어난 뒤, 계속되는 전쟁에 부담을 느낀 국제연합군과 공산군은 비밀 접촉을 거쳐 1951년 7월 10일 개성(開城)에서 첫 정전회담을 열었습니다. 이어 1952년 7월 개성에서 본회담이 시작되어 같은 해 10월 판문점으로 회담 장소를 옮겼으나 전쟁 포로 문제 등으로 인해 9개월 간 회담은 중지되었습니다. 그 후 1953년 7월 27일 판문점에서 국제연합군 총사령관 클라크(Mark Wayne Clark)와 북측 인민군 최고사령관 김일성(金日成), 중국인민지원군 사령원 펑더화이(彭德懷)가 최종적으로 서명함으로써 협정이 체결되고, 한국전쟁도 정지되게 되었습니다.

　　이 협정으로 인해 남북의 전투행위는 일시적으로 정지되었지만 전쟁 상태는 계속되는 국지적 휴전 상태에 들어가게 됩니다. 남북한 사이에는 군사분계선이 설치되고 비무장지대를 설정하였습니다. 그러나 말만 비무장지대이지 실상은 중무장지대입니다. 이미 남과 북은 정전협정 이후 수많은 무기와 지뢰를 군사분계선에 배치하거나 매설하였습니다. 또한, 정전협정 체결 당시 충돌을 방지하기 위해 설정했던 비무장지대도 군사분계선을 중심으로 남북 2km(남방한계선, 북방한계선)씩 총 4km를 유지하기로 하였으나, 현재는 단 한 곳도 4km를 유지하고 있는 곳이 없습니다. 양측은 무장한 군인의 감시초소(GP)를 비무장지대 안에 설치하였으며, 현재 남과 북 감시초소 중에는 불과 800m 밖에 떨어져 있지 않은 곳도 있습니다. 국제 관례상 정전협정이 이토록 오랫동안 지속되고 있는 경우는 한반도가 유일합니다. 이런 비정상적인 모습을 정상으로 돌리는 것이 바로 평화로 가는 길이지 않을까요? 이제는 정전협정을 넘어서 종전을 선언하고, 평화의 시대를 열어갈 수 있는 평화협정을 맺어야 합니다.

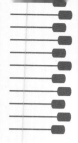

읽을거리 ② : 분단이 남긴 것들

1. 판문점의 유래

1953년 정전협정이 체결된 판문점은 원래 우리말로 '널문리'였습니다. 공식 명칭은 '공동경비구역(JSA; Joint Security Area)'이며, '판문점(板門店)'은 이 지역의 이름입니다. 남측의 행정구역상으로는 '경기도 파주시(舊 경기도 장단군) 진서면 어룡리'이나 행정관할권은 UN군 사령부에 있는 곳입니다. 북측 행정구역상으로는 '개성직할시 판문군 판문점리'입니다.

판문점이란 이름의 유래는 휴전 회담 장소가 이곳으로 옮겨지면서, 이 회담에 참석하는 중공군 대표들이 이곳을 쉽게 찾을 수 있게 하기 위해 당시 회담장소 부근에 있던 주막을 겸한 가게(店)를 한자로 적어 '板門店'으로 표기한 것이 그 유래라고 합니다.

또한 임진왜란 시 왜구의 침략을 피해 평양으로 피난을 가던 선조 일행이 머물던 곳이기도 하며, 피난길에 강을 건너는데 다리가 적당치 않자 백성들이 문을 떼어내 다리를 만들어 건너게 했다는데서 널문리가 되었다는 설도 있습니다.

2. 골로 간다?

언어는 시대상을 반영한다고 합니다. 혹시 "너 그러다가 골로 간다"라는 말을 들어본 적이 있나요? 우리가 아무 생각 없이 쓰고 있는 이 말이 사실은 한국전쟁 때 동족상잔의 아픔이 서린 무시무시한 표현입니다.

'골로 간다'는 말도 한국전쟁 전후로 매우 흔하게 쓰였는데, 장난기가 많은 아이가 말을 잘 듣지 않으면 "야, 너 골로 갈래?"라고 했습니다.

한국전쟁 전후로 군인과 경찰의 좌익학살이나 인민군 또는 좌익들의 우익 학살이 매우 심해서 서로가 '이에는 이, 눈에는 눈으로' 피장파장이었습니다. 그 무렵

군경이나 우익 청년단 회원들은 좌익은 물론, 그들 가족이나 친구까지도, 심지어 인민군이나 좌익 게릴라들에게 밥을 한 그릇 주거나 감자 한 자루를 줬다는 이유로 사람들을 산골짜기로 데려가서 총살한 뒤 그 자리에다 매장을 하였습니다. 이를 '민간인 학살'이라고 부릅니다. 그래서 당시 '골로 간다'는 말은 산골짜기로 데려가서 아무도 모르게 죽인 뒤 묻어버린다는 끔찍한 말이었으니 이 말을 하면 '너 조심해'란 의미가 된 것입니다.

3. 전쟁이 남긴 상처

전선이 자주 이동함에 따라 학살이 일상처럼 되었습니다. 국군이 점령할 때는 인민군에 협력한 사람들이 보복을 당했고, 다시 인민군이 점령하면 반대의 일이 일어났습니다. 빨치산이 활동하던 지역에서도 빨치산과 토벌대에 의한 민간인 학살도 자주 일어났습니다.

또한, 전쟁이 길어지면서 수많은 젊은이들이 군대에 동원되었습니다. 많은 이들이 고향으로 돌아오지 못했으며, 일생 전쟁의 상처를 안고 살아가야 할 부상자도 속출하였습니다. 수많은 어린이들이 전쟁고아가 되었고, 가족과 흩어진 이산가족이 무려 1,000만 명을 넘어섰습니다. 한국 국방부와 군사편찬 연구소의 자료에 의하면 남측 민간인 사망자 24만 5천여 명, 학살된 민간인 13만여 명, 부상 23만 명, 납치 8만 5천여 명, 행방불명 30만 3천여 명으로 모두 100만여 명의 남측 민간인들이 피해를 입었습니다. 1953년 북측의 공식 발표에 따르면 북측 민간인 사망자는 28만 2천명, 실종자 79만 6천 명 입니다. 이것은 당시 남북 전체 인구의 1/5이 피해를 입었으며, 개인별로 보면 한 가족에 1명 이상이 피해를 입은 것으로 추정할 수 있습니다. 경제적인 피해 규모도 천문학적이었으며 국토는 황폐화되고 산업 시설 대부분이 파괴되었으며, 도로와 주택, 철도와 항만 시설 파괴도 헤아릴 수 없이 많았습니다.

숫자로 본 한국전쟁

#

전쟁 기간

1950. 6. 25 ~ 1953. 7. 27

⌐

국군 사망	137,899명	북한군 사망	520,000명
국군 부상	450,000명	북한군 포로	120,000명
국군 포로	8,343명		

ⓘ

남한 민간인 피해		북한 민간인 피해	
사망자	245,000명	사망자	282,000명
학살	130,000명	실종자	796,000명
부상	230,000명		
실종자	303,000명		

(출처 : 국방부 군사편찬연구소)

4장 통일의 방법

1) 우리 어떻게 통일할까? – 신호등 토론

'어떻게 통일할까?' 학생들뿐만 아니라 시민들에게 '통일'하면 따라오는 질문과 걱정입니다. 하나의 나라로 남북을 통일하려면 제도, 법, 국기, 국가명칭 등을 바꿔야 하는데 어떻게 정할 것인지 미리 생각만 해도 복잡하지요. 그런 과정에서 의견이 다르고 갈등이 생겨 사회의 혼란이 생기는 것은 아닌지, 궁금함은 걱정으로 걱정은 '지금도 괜찮은데 그냥 이대로 살아도 되지 않을까?'라는 생각으로 결론이 나기도 합니다.

다른 문화의 사람들과 함께 사는 것에 대한 두려움, 갈등과 혼란에 대한 두려움. 그것을 학생들은 때로는 '귀찮음'으로 표현합니다. 경제적인 이유로 통일을 걱정하는 것과는 다른 문제입니다.

평화라고 하면 일체의 갈등이 없는 이상적인 상태를 꿈꾸지만 그런 삶이 가능할까요?

일상생활에서도 우리는 무엇을 선택할 때, 많은 갈등을 겪고 자신에게 가장 필요한 것, 자신이 가장 원하는 것을 찾으며 갈등을 해결합니다. 갈등을 겪고 싶지 않으면 어제와 똑같은 선택으로 변화와 발전이 없는 생활을 하거나 누군가의 명령을 따르는 생활을 하면 돼요. 이런 이야기를 하면 누군가는 페이스북 창업자 마크 주커버그의 예를 들지도 모르죠. 여러 벌의 똑같은 옷을 두어, 매일 아침 무슨 옷을 입을지 갈등하지 않는다는 이야기는 그의 유명한 일화입니다. 그러나 그가 그런 선택을 하는 이유는, 선택의 갈등을 최소화하여 창조의 에너지를 더 많이 만들기 위해서입니다. 결국, 사람이라면 선택과 결정으로 새로운 무엇을 만드는 일을 할 수밖에 없지요.

사회도 마찬가지 아닐까요? 한반도의 분단을 유지하기 위한 에너지와 새로운 통일 한반도를 만들기 위한 에너지가 있다면 어떤 것에 에너지를 써야 할지 우리가 선택해야 합니다. 그렇기에 혼란과 갈등을 두려움과 회피의 대상으로 여기는 것이 아니라 그것을 지혜롭게 해결하고 조화를 이루기 위해 노력하는 것, 그것이 평화임을 이해하는 것이 중요합니다. 남과 북도 70년이 넘도록 다른 제도와 문화에서 살아왔지만, 그 안에서 서로에게 배울 것은 없는지, 서로의 다름을 어떻게 이해하고 존중할지 생각하고 노력한다면, 평화와 통일은 복잡하고 어려운 숙제가 아니라 자랑스러운 성적표가 될 것입니다.

4장에서는

1) 우리 어떻게 통일할까? - 신호등 토론

2) 통일학교 만들기 - 화백회의

3) 통일코리아 만들기

의 활동을 소개하겠습니다.

평화통일. 통일을 평화적으로 한다는 말, 너무 당연한 이야기지요. 한국 전쟁 직후에는 북과 평화적으로 통일을 하자는 이야기가 불온한 주장이었지만 까마득한 과거의 일입니다. '전쟁과 평화적 방법을 주제로 무슨 토론을 해요?!'라는 의문이 들 수 있습니다. 너무 뻔한 이야기이니까요. 그렇다면 전쟁을 제외한 통일의 방법은 모두 평화적이라고 할 수 있을까요? 물리적 전쟁 없이 대결과 분단의 체제를 걷어내는 과정은 평화와 가까워지는 일이지만 그 모든 과정을 평화적이라고 하기는 어려울 것입니다. 우리가 통일 모델로 떠올리는 독일이 그렇지요. 피 한 방울 흘리지 않은 평화통일이라고 하지만 여전히 마음의 장벽을 지우지 못하고 있습니다. 그렇다면 학생들은 어떤 통일의 방법을 선택할까요? 구체적인 코리아의 통일 방법에 대해 신호등 토론을 빌려 이야기 나눠 봅니다.

👉☀ 활동은 이렇게 – 1

1. 학생들 모두에게 빨강, 노랑, 초록, 파란색 카드를 나누어줍니다.

2. 전쟁(빨강), 흡수(노랑), 협력(초록), 분단유지(파랑) 방식 중 남북이 추진하면 좋을 통일 방법을 선택하도록 합니다.

3. 원하는 카드를 들고, 반 전체의 의견을 확인합니다.

4. 각 색깔별로 자기 생각과 근거를 발표하고 질문과 답변의 시간을 갖습니다.

5. 나와 생각이 다른 친구의 의견을 듣고 생각이 바뀌었다면 자신이 선택한 카드의 색깔을 바꿀 수 있습니다.

6. 자신의 생각을 카드로 표현합니다.

7. 최종적으로 반 전체의 의견을 확인합니다.

👉☀ 활동은 이렇게 – 2

1. 모둠별 토론을 먼저 진행합니다.

2. 토론을 통해, 모둠이 원하는 카드를 정합니다.

3. 모둠별 토론 내용을 각자 발표하고 질문과 답변의 시간을 갖습니다.

4. 다른 모둠의 의견을 듣고 생각이 바뀌었다면 모둠이 선택한 카드의 색깔을 바꿀 수 있습니다.

5. 최종적으로 모둠의 의견을 확인합니다.

1단계

분단 체제를 살아가는 우리가 선택할 수 있는 통일의 방법에는 어떤 것들이 있을지 학생들에게 질문을 먼저 해봅니다. 어떤 의견들이 나올까요? 혹시 어떻게 답해야 할지 갈피를 잡지 못하는 분위기라면 분단되었다가 통일된 나라는 어디가 있는지 묻습니다.

"독일이요." 가장 많이 아는 답을 하겠죠. 독일은 1990년 10월 3일 전쟁 없이 통일을 선언했습니다. 어떻게 통일이 되었는지 좀 더 구체적인 과정을 얘기해 볼까요? 먼저 1969년부터 진행된 서독의 동방정책에 의해 동독과 20년간 많은 교류협력을 하게 됩니다. 또한 동독 정권의 감시와 탄압을 견디지 못한 동독인들이 국경을 넘어 서독으로 오는 숫자가 점점 늘어나고 동독 주민들이 개혁과 자유를 요구하는 시위를 하여 베를린 장벽이 무너지면서 통일을 하게 됩니다. 더불어 경제적으로 어려웠던 동독 주민들이 서독의 경제체제 및 사회제도로 통일을 원하면서 동독의 제도, 법, 화폐 모든 것이 사라지고 서독의 제도로 통일을 하게 됩니다. 이 활동에서는 독일통일방식을 '흡수통일(노랑)'이라고 표현하겠습니다.

다른 방식의 통일은 무엇이 있을지 생각해 보면, 베트남이 떠오르고 역사에 관심 있는 친구들이라면 예멘도 이야기하지요. '전쟁(빨강)'으로 통일하는 방법이 있음을 확인합니다.

흡수통일, 전쟁 말고 또 어떤 방법의 통일이 가능할지 학생들에게 질문합니다. 대화로, 협의해서 통일하는 방법을 떠올리는 학생들이 있다면 그것이 무엇인지 더 정확하게 이해하도록 이야기를 나누면 좋겠지요. 어느 한 곳의 법, 제도, 화폐가 일방적으로 통합되는 것이 아니라 그것들을 함께 협의하고 소통해서 정하는 통일의 방법도 있습니다. 이러한 방법을 '협력(초록)'이라고 표현하겠습니다.

통일의 방법에 대해 이렇게 하나씩 확인하다 보면, "통일하지 않고 그냥 이대로 사는 것은 안 되나요?" 라는 질문이 나옵니다. 마지막으로 통일을 하지 않는 '분단유지(파랑)'도 선택의 하나가 될 수 있다고 이야기합니다.

2단계

학생 한 명당 네 장의 카드를 나누어 준 후, 남북이 선택할 수 있는 통일의 방법으로 가장 적합한 방법이 무엇인지 묻습니다. 빨강(전쟁), 노랑(흡수), 초록(협력), 파랑(분단유지)카드로 자신의 생각을 표현하도록 합니다. 학생들이 동시에 카드를 들면, 학급의 의견이 어떤지 한눈에 볼 수 있습니다

"와 우리 반은 00색이 가장 많군요. 그럼 각각의 색을 든 친구들의 의견을 들어볼까요?"라며 색깔을 선택한 이유를 들어볼 수 있어요.

■ **빨강(전쟁)**
- 북이 계속 핵을 포기하지 않고 도발하는데 전쟁 밖에 없지 않을까요?
- 남과 북이 지금 달라도 너무 달라서, 통일이 가능한 방법은 전쟁 밖에 없을 것 같아서 빨강을 선택했어요.
- 세계에서 가장 힘센 미국과 동맹인 우리가 북한과 전쟁하면 우리가 이길 것 같아요

■ **노랑(흡수)**
- 북한은 지금 탈북자도 계속 나오고 식량난을 겪고 있다고 하니까 동독처럼 망할 것 같아요. 그리고 우리나라 제도와 법이 민주주의니까 우리 것으로

통일되는 게 맞다고 생각해요.
- 북은 독재국가고 우리는 민주주의 국가니까 당연히 우리식으로 흡수 통일
  돼야죠.

■ 초록(협력)

- 다시 전쟁이 일어나면 둘 다 망할 것 같아요. 그래서 일단 대화와 협력을 통
  해 평화적으로 통일하는 것이 가장 좋은 것 같아요.
- 북한이 망한다고 하지만 지금까지 망하지 않고 있고 언제 망할지 모르니 대
  화와 협력을 해야 한다고 봐요.

■ 파랑(분단유지)

- 가난한 북한과 통일을 하려면 비용이 너무 많이 들 것 같아요.
- 북한을 못 믿잖아요. 배신하면 어떻게 해요? 그래서 그냥 따로 사는 게 더
  평화적일 거라는 생각이 들어요.
- 통일하면 새롭게 정해야할 것들이 많이 있잖아요. 그래서 그냥 통일 하지
  않고 다른 나라처럼 지내면 편할 것 같아요.
- 남과 북이 너무 달라졌잖아요. 생각도 다르고 생활모습도 달라서 많이 혼란
  스러울 것 같아요. 그래서 하나가 되려면 많이 싸울 것 같아요. 그래서 이
  대로 지내는 것이 좋아요.

3단계

몇몇 친구들의 의견을 더 들어보고, 서로에게 질문과 답을 할 수 있는 시간을
줍니다.

■ 빨강(전쟁)에게 질문
- 북한은 핵미사일이 있고 남한에는 핵발전소가 있어서 전쟁하면 우리 다 죽을 수도 있는데 그러면 통일이 무슨 의미가 있을까요?
- 우리에겐 미국이 있고 북한에겐 중국이 있는데 전쟁을 쉽게 할 수 있을까요?

■ 노랑(흡수)에게 질문
- 북한이 우리보다 못사니까 남쪽의 제도로 통합할 텐데 우리 세금이 너무 많이 드는 거 아닐까요?
- 현재도 탈북민을 많이 차별하는데 북한 주민을 2등 국민 취급해서 남북 주민간의 사회 갈등이 생길수도 있지 않을까요?

■ 초록(협력)에게 질문
- 그러다 북한이 배신하면 어떻게 하죠? 북을 믿을 수 있을까요?
- 지금 이대로 사는 것과 협력이 무슨 차이가 있을까요?

■ 파랑(분단유지)에게 질문
- 혹시 분단 유지에 드는 비용에 대해 생각해 봤나요?
- 그건 통일의 모습이 아니지 않나요?

  나의 의견이 옳다는 주장이 충분하지 않으면 타인의 의견을 공격하는 질문이 쏟아지기도 하는데요. 각 색상들의 장점과 단점을 칠판에 적으면 토론이 더 잘 진행됩니다. 충분한 질문이 나오지 않을 때는 교사가 위와 같은 질문을 해보는 것도 좋습니다.

4단계

질문과 답이 충분히 오고 간 후, 카드를 바꿀 시간을 줍니다. 처음 선택한 카드와 생각이 달라졌다면 다른 카드로 바꿀 수 있습니다. 최종적으로 카드 선택 후 반 전체의 카드를 확인합니다.

각 나라의 통일 사례를 조금 더 구체적으로 이야기해주면 좋습니다. 내용의 심화를 위해, 통일의 방법으로 이야기한 세 가지, 그리고 분단 유지라는 방법을 선택할 때의 장단점을 함께 정리해보면 좋겠지요. (4장 '다른 나라 통일 사례' 읽을거리 참조)

활동사진

2) 화백회의로 통일학교 만들기

　　남과 북이 통일을 약속하고 남북의 원활한 대화와 교류를 위해, 남북 학생이 함께 공부하고 생활하는 시범학교를 만들기로 했습니다. 우리 학교가 시범학교가 되었는데, 북의 친구들과 학교생활을 함께 하려면 필요한 것이 무엇일까요? 수업시간, 쉬는 시간은 어떻게 구성해야 할까요?

　　이런 가정을 두고 학생들이 통일학교에 필요한 수업 내용과 활동을 정해봅니다. 이번에는 '화백회의'형식으로 해보려고 해요.

　　대한민국의 정치체제는 대의 민주주의, 다수결의 원리로 운영되지요. 효율적으로 제도를 운영할 수 있는 장점이 있는 반면, 대표성을 띤 사람이 아니면 의견개진이 어렵거나 소극적일 수 있으며 소수의 의견은 반영되기 어렵다는 한계가 있습니다. 이것을 극복하기 위해 다양한 의견을 들어보고 선택하는 방법이 여러 가지 모색되는데요.

　　토론 수업을 고대 역사의 화백회의를 차용해서 운영해보면 어떨까요? 현재 우리가 사용하는 민주주의 제도는 서구 문명에서 시작했지만 이미 우리 고대 국가에서도 이에 못지않은 민주적 의사결정 과정이 있었음을 아는 것 또한 의미 있을 것입니다.

　　또 남과 북의 학생들이 함께 하는 통일학교에 필요한 수업과 활동을 결정해보는 활동은 단지 제도의 통합만이 아닌 사람의 통일, 통합을 준비하는데 무엇이 필요한지 학생들이 직접 생각해보는 계기를 마련합니다.

👆☀ 활동은 이렇게

1. 신라시대의 만장일치제라고 하는 화백회의 형식을 빌려 진행해봅니다.

2. 화백회의 용어 정리 :
   (화백회의를 처음 할 때는 용어가 정리된 설명서를 나누어줘도 좋습니다.)

용어	의미
하늘님	– 과거에는 모든 백성을 하늘같이 여기라 하였기에, 우리 반 학생 모두가 하늘님.
임금님	– 의견을 발표하는 사람, 하늘님이 자기 의견을 발표하면 임금님이 됨.
하세	– 하늘님이 자기 의견을 이야기하는 것, 하늘에서 세상으로 내려온다 하여 '하세'라 함. – 하세를 하면 하늘님은 임금님이 되는 것임. – 하세를 시각적으로 이해시키기 위해, 교실 앞에 돗자리를 깔아, 하세한 임금님이 바닥에 앉을 수 있도록 함. – "자기 의견을 발표해서 하세할 하늘님 있습니까?" "하세해서 임금님이 될 하늘님 있습니까?" 이렇게 질문하여 의견 발표를 유도할 수 있음.
청문	– 의견을 제시한 하늘님이 하세하여 임금님이 되면, 그 임금님에게 다른 하늘님들이 질문하는 것을 말함. – "OOO 의견을 제시한 임금님에게 청문할 하늘님 있습니까?" 질문으로 청문 유도할 수 있음.
말발권	– 말발권이 있어야 의견을 발표하고 임금님의 의견에 말발권을 실어줄 수 있음. – 의견을 발표할 때 말발권을 진행자에게 줌. 말발권을 투표로 사용할 경우, 한 임금님에게 모두 줄 수 있고 여러 임금님에게 나누어 줄 수도 있음. – 또 먼저 발표한 임금님에게 준 말발권을 회수하여 다른 임금님에게 줄 수도 있음. – 말발권을 사용하지 않을 수도 있음.
청문권	– 청문권이 있어야 하늘님이 임금님에게 질문할 수 있음. – 청문하기 위해 손을 들고 자신의 청문권을 진행자에게 주고 난 후, 질문할 수 있음. (즉, 의견제출, 투표, 청문에는 모두 횟수가 제한되어 있음. 말발권(5매)과 청문권(3매) 다른 색깔의 색종이, 색지로 활용해도 됨.) – 청문권을 사용하지 않을 수도 있음.
선양	– 임금님이 자신의 의견을 철회하고 다른 임금님의 의견에 동조하는 것임. – 선양의 의사를 밝힌 임금님에게 말발권을 주었던 하늘님은 자기 말발권을 회수할지, – 동조한 임금님에게 함께 자신의 말발권을 줄지 결정함.
승천	– 선양한 임금님이 다시 하늘님으로 돌아오는 것임. 발표한 의견을 철회하고 자기 자리로 돌아오는 것임.

3. 위의 용어와 규칙을 설명해 줍니다.

4. 통일학교에 필요한 수업 및 활동과 그 이유를 모두 하나씩 적도록 합니다.

5. 모든 학생에게 8장의 카드(말발권 5, 청문권 3매– 다른 색의 색종이로 말발권과 청문권을 구분해도 좋습니다.)를 줍니다.

6. 말발권을 이동하거나 회수하기 위해 자신이 받은 말발권에 자기만의 표시를 하게 합니다.

7. 말발권을 사용해 하세할 친구들이 있는지 묻습니다.

8. 하세할 하늘님은 말발권을 진행자인 교사에게 주고, 자기 의견을 발표합니다.

9. 의견 발표 후, 앞의 자리(바닥에 깔아 놓은 돗자리나 낮은 의자)에 앉습니다.

10. 임금님의 의견에 질문할 하늘님이 있는지 묻습니다.

11. 청문할 하늘님은 청문권을 진행자인 교사에게 주고 질문을 한 후 임금님의 답을 듣습니다.

12. 청문할 하늘님이 없는 것을 확인 후 모든 하늘님은 말발권을 임금님에게 투표합니다.

13. 다음 발표자(임금님)도 발표 후, 진행방식은 같습니다. (이미 임금님이 된 친구도 새로운 의견 제안자(임금님)에게 청문할 수 있습니다.)

14. 의견 발표가 모두 끝나면, 발표자(임금님) 중, 자기 의견을 철회하고 다른 임금님의 의견에 뜻을 같이할 친구(임금님)가 있는지 묻습니다. 이것을 선양이라고 합니다. 이렇게 질문하는 것이지요 "선양할 임금님 있습니까?"

15. 선양할 임금님이 있다면, 이 임금님에게 말발권을 준 하늘님은 말발권을 다른 임금님에게 줄지, 선양받는 임금님에게 줄지, 그냥 자기가 다시 가져갈지 결정하도록 합니다.

16. 선양이 끝나고 임금님이 승천하면(자기 자리로 돌아가면) 임금님들이 받은 말발권의 개수를 세어, 우리 학급에서 가장 지지를 많이 받은 통일 학교의 수업과 활동은 무엇인지 하나씩 확인합니다.

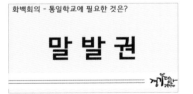

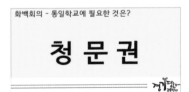

활동사례-1

1단계

화백회의에서 사용하는 용어들이 낯설어 어색하지만 학생들은 모두 하늘님이 되면서 무척 진지해집니다. 나누어준 청문권과 말발권에 자신만의 표시를 해두고(예시 - 이름을 적거나 사인을 하기) 통일 학교에 필요한 것이 무엇인지 생각하는 시간을 잠시 갖습니다.

2단계

시범 통일학교에 필요한 수업, 활동 등에 대해 하세할 하늘님이 있는지 묻습니다.

학생1 친구가 손을 들어 앞으로 나옵니다. 교사에게 말발권을 주고 자기 의견을 발표합니다. 첫 번째 임금님이 될 친구입니다.

"서로의 언어가 다르니까 다른 언어를 이해하는 시간이 필요합니다. 그래서 언어 퀴즈를 하는 걸 제안 합니다."라고 발표하고 가운데 자리에 앉습니다.

"임금님에게 청문권을 사용해서 질문할 하늘님 있습니까?"라고 질문합니다.

한 친구가 손을 들어 교사에게 청문권을 주고 자기 자리에서 학생1 임금님에게 질문을 합니다.

"퀴즈를 맞히려면 서로의 언어를 알아야 하는데 배우지도 못하고 어떻게 문제를 풉니까?"

이렇게 질문한 하늘님에게 학생1 임금님은 자신이 생각하는 대안과 방법을 설명합니다.

"그럼 학생1 임금님의 의견에 동의하시는 하늘님들은 말발권을 실어주십시오. 학생1 임금님의 의견이 괜찮다고 생각하는 하늘님들이 자리에서 일어나, 앉아 있는 임금님에게 자신의 말발권을 실어줍니다. 다른 의견을 더 들어볼 거니까 한 장만 줘도 되고 이 의견이 제일 나을 것 같다 싶으면 여러 장을 줘도 됩니다."

말발권을 실어주고 정돈이 되면 "또 하세할 하늘님 있습니까?"라고 묻습니다.

하늘님 중 학생2가 번쩍 손을 듭니다. 말발권을 진행자인 교사에게 주고 의견을 발표합니다. "남북의 음식 문화는 비슷한 것도 있고 다른 것도 있으니 서로를 아는 게 필요하다고 생각합니다. 그 음식을 함께 먹으면서 서로를 알게 되고 또 친해질 수도 있으니까 남북의 음식을 함께 먹어보는 시간을 갖는 겁니다."

"네 두 번째 의견을 주신 하늘님은 임금님이 되었으니 가운데 자리에 앉아 주시고요. 이 임금님에게 질문할 하늘님 있습니까?" 묻습니다.

의견이 썩 괜찮다고 생각했는지 특별한 질문이 없습니다. "그럼 학생2 임금님에게 말발권을 실어주십시오." 하늘님들이 우르르 일어나 학생2 임금님에게 말발권을 실어줍니다.

이렇게 이어진 화백회의에는 "통일이 되면 좋은 점을 알려주는 수업을 하자", "함께 입을 반 티셔츠를 만들자", "남북이 함께 사용할 언어를 만들자"와 같은 의견들이 나왔습니다.

각 의견마다 말발권을 실어주는 가운데, 먼저 실어줬던 말발권을 회수하고 뒤에 나온 의견의 임금님에게 말발권을 실어줄 수 있습니다.

3단계

임금님들은 모두 가운데 자리에 앉아 있고 질문과 답이 오가고, 말발권을 실어준 후, 더 이상 발표하는 하늘님이 없으면 마지막으로 선양할 임금님이 있는지 묻습니다. 자신의 의견보다 더 좋은 의견에 동조할 임금님이 있는지 확인하는 것입니다.

"남북의 음식을 함께 먹어보자"에 한 임금님이 선양을 하겠다고 합니다. "임금님에게 말발권을 준 하늘님들도 함께 하시겠습니까?" 모두 동의를 합니다. 선양한 임금님은 자신이 받은 말발권을 모두 주고 다시 하늘님들이 있는 자리로 승천합니다.

마지막으로 말발권을 이동하는 단계가 왔습니다.

이 단계를 십자공수라고 합니다. 다른 임금님에게 투표했던 말발권을 최종적으로 옮기고 자기가 들고 있는 말발권도 최대한 사용하는 시간입니다. 십자공수를 끝내고 최종집계를 해보니 "남북의 음식을 함께 먹어보자"는 의견을 낸 임금님 의견이 가장 많은 말발권을 받았습니다. 수용의 시간을 통해 모두의 마음을 모으는 시간을 가지며 결과만큼이나 좋은 의견에 마음을 모으기 위해 노력한 우리 모두의 노력을 생각하는 시간을 갖습니다. 수용 시간은 눈을 감고 30초 정도 화백 회의 과정을 생각해 보고 의장(진행자)이 적절한 멘트로 마음을 차분하게 만들어주는 시간입니다. 그리고 마지막으로 다시 한 번 맞절을 하며 예의로 시작한 화백회의를 예의를 갖춰 마칩니다.

화백회의 형식이 좀 낯설지만, 하늘님이라는 호칭으로 서로를 존중하게 되는 분위기가 형성되고 정해진 형식에 따라 토론이 진행되다 보니 과열되지 않고 차분하게 의견을 나누게 됩니다. 물론, 사이가 좋지 않은 친구의 의견을 공격하기 위해 질문을 던지는 경우도 없는 것은 아니지만요.

역시 아이들답게 가장 좋아하는 '함께 남북 음식 먹기'를 선택했으나 언어의 차이를 극복하기 위한 수업부터 공동체 의식을 높이기 위해 '반티를 함께 입자'는 의견까지 다양한 의견들이 나옵니다. 차이를 인식하고 이해하고 존중하는 것, 그리고 그 가운에 '함께'라는 마음을 갖는 것이 필요함을 말하지 않아도 알고 있는 것이지요.

하세한 임금님이 교실 한 가운데 앉은 모습

활동사례-2

1단계

2018년 남과 북 두 정상의 만남, 미 대통령과 북 지도자의 만남, 한반도에 순풍이 부는가 싶었지만 현재는 또 어려워 보입니다. 이런 때일수록, 암담해 보이는 현실에 주저앉을 것이 아니라 한반도의 항구적 평화체제를 남북의 정상이 약속한 만큼 우리의 통일 국가는 어떻게 만들어가야 할지 논의해보는 자리가 활성화되어야 할 것입니다. 오늘 화백회의를 통해 한반도 통일방안에 대해 다양한 의견을 나누어 보려고 합니다.

나누어주는 말발권 세 장과 청문권 두 장을 적절하게 사용하여 좋은 의견을 모아보는 자리를 만들어봅시다.

모두 평등한 하늘님으로 서로를 존중하는 마음으로 맞절하겠습니다. 맞절.

2단계

대한민국과 조선민주주의인민공화국이 하나의 국가를 만든다고 할 때 가능한 방법에 대해 의견을 주십시오.

이재윤 하늘님이 앞에 나와 말발권을 제출하고 의견을 발표합니다.

하세 임금(이재윤) : 남과 북은 70여년의 시간 동안 다른 제도, 다른 사상으로 거의 교류가 없는 상태에서 각각 살아 왔습니다. 하나의 국가를 만든다는 것이 과연 가능할지 의문이 듭니다. 저는 하나의 국가를 만든다는 전제 자체를 넘어서 군사적 갈등과 적대적 조치들을 남북 모두 철폐하고 각각 다른 제도 그대로 사는 방안을 제안합니다.

하세를 했으니 이재윤 임금님이 되었습니다. 이재윤 임금님은 가운데 자리에 앉아주시기 바랍니다. 이에 대해 청문권을 사용하여 질문을 하실 하늘님 계십니까?
임영희 학생이 손을 들어 청문권 한 장을 진행자에게 주고 질문을 합니다.

청문(임영희) : 우리는 고조선부터 역사를 같이하고 있으며 하나의 언어와 글을 쓰는 한민족입니다. 그럼에도 다른 나라로 살아야할 필요가 있을까요?

하세 임금의 답(이재윤) : 하나의 언어와 글을 쓰는 한민족이라고 하지만 민족이란 개념은 많이 약화되어있습니다. 또한 70여 년 동안 다른 제도, 다른 사상으로 살아온 남과 북이 하나로 되기 위해 발생하는 많은 시간과 비용은 어떻게 할까요? 그래서 인위적으로 하나로 만들기보다는 두개의 나라로 평화롭게 지내는 것이 시간과 비용을 줄이는 방법인 것 같습니다.

(이재윤 임금님의 대답에 석연찮았는지 다른 청문이 이어집니다.) 김선아 하늘님이 청문권을 사용하여 질문하겠습니다.

청문(김선아) : 두개의 나라로 지내는 것이 시간과 비용을 줄이는 방법이라고 했는데 과연 그럴까요? 예를 들어 통일이 되면 남한은 대륙과 연결이 되는 장점이 있는데 북한이 별개의 나라가 된다면 북을 통과할 때 통행세를 내야할 수도 있습니다. 또한 남북이 무역을 할 때도 관세가 생기겠죠? 결국 단기적으로 발생하는 비용은 적을 수가 있지만 장기적으로 본다면 들어가는 돈이 더 크지 않을까요?

하세 임금님은 답을 더 하지 못하고 다른 청문이 이어집니다.

청문(김민희) : 두개의 나라로 지내는 것은 평화로운 방법일까요? 국제사회는 자국의 이득을 위해 움직일 수밖에 없습니다. 결국 남과 북이 다른 나라로 지내게 된다면 서로의 이득을 위해 경쟁을 할 수밖에 없고 그 경쟁의 결과가 최악의 경우에는 다시 대결로 갈 수 있기 때문에 두개의 나라로 지내는 방법은 항구적인 평화를 지키는 방법은 아닐 것 같습니다.

하세 임금의 답(이재윤) : 경쟁적 관계를 유지하는 나라도 있지만 협력적 관계를 유지하는 나라 또한 많이 있습니다. 경쟁 관계에 있는 나라가 모두 전쟁과 대결만 하지는 않습니다. 남북이 평화적 관계를 유지하면서 각각의 나라로 존재할 수 있을 거라고 생각합니다.

네 여기까지 이재윤 임금님의 의견을 들어봤는데요. 더 청문하실 분 계신가요? 없으시면 이재윤 임금님의 의견에 동의하는 하늘님은 자신의 말발권을 이재윤 임금님에게 실어주십시오. 말발권 세장을 모두 사용해도 되고 한 장만 사용해도 됩니다.
이재윤 임금님은 자신이 받은 말발권을 자리 앞에 잘 펼쳐 주십시오.
또 말발권으로 하세하여 임금님이 될 하늘님 계십니까?
한유미 학생이 손을 들어 말발권을 주고 하세 의견을 발표합니다.

하세 임금(한유미) : 여기서 우리가 누구와 통일할 것인가에 대해 생각해봐야

합니다. 북의 권력을 잡고 있는 세력과의 통일이냐 고통 받고 있는 북의 동포들과의 통일이냐에 따라 통일의 방법이 다르다고 생각해요. 북한 인권 문제에 대해 국제 사회에서 지속적으로 문제제기를 하는 만큼 북한의 독재정치 세력과 손을 잡는 것은 아니라고 생각합니다. 지금 미국과 같이 북한에 대한 경제적, 정치적 고립을 강화해서 그들 정권이 무너지도록 한 후, 북한 동포들을 우리 사회가 포용하는 방법이 통일의 방법이라고 생각합니다.

네. 북의 지도부와 북한 주민을 다르게 보고 접근해서, 북한 정권을 고립시켜야 한다는 주장인데요 한유미 임금님도 가운데 자리에 앉아주시고요. 청문하실 하늘님 계십니까?

앞에서 청문권 한 장을 사용한 김선아 하늘님이 마지막 청문권을 주고 질문을 합니다.

청문(김선아): 〈14호 수용소 탈출〉을 쓴 신동혁은 자신이 14호 수용소에서 태어난 탈북자라고 했습니다. 그의 증언을 담은 책은 27개국에 출간될 정도로 베스트셀러가 되었고 그의 주장은 유엔에서 북한 인권결의안이 통과되는 데도 상당한 역할을 했습니다.

하지만 북한은 2014년 10월 신동혁의 부친을 방송에 출연시켰고, 신동혁이 여섯 살 때 찍은 사진도 함께 공개했습니다. 신동혁은 결국 "여섯 살 때 어머니, 형과 함께 14호 수용소에서 18호 수용소로 옮겨졌다."고 자신의 증언을 번복했고, 탈출을 계획하던 어머니와 형을 감시자들에게 고발한 일 역시 14호 수용소가 아니라 18호 수용소에서 있었던 사건이라고 정정했습니다. 또 열세 살 때 수용소를 탈출했다가 다시 붙잡힌 뒤 고문을 당했다던 기존 진술 역시 스무 살 때의 일이었다고 말을 바꾸었습니다.[12] 이와 같은 문제의 증언이 북한 인권문제의 심각성을 입증하는 자료로 쓰인 경우가 많이 있는데 어떻게 생각하시나요?

한유미 임금님이 답을 고민하고 있는 가운데 비슷한 청문을 하겠다고 양미화 하늘님이 손을 들었습니다.

청문(양미화): 이 밖에도 2014년 영국 BBC 방송이 '올해의 여성 100인'으로 선정했던 '탈북 여대생' 박연미의 증언 역시 거짓이라는 논란이 일었습니다. 2007년 탈북한 박연미는 2014년 '세계 젊은 지도자 회의'와 영국 의회 등에서 자신의 탈북 경험을 전하며 북한의 인권 문제를 상징하는 인물이 되었습니다. 하지만 미국의 외교 전문지 〈디플로매트〉는 2014년 12월 10일 자 기사에서 신뢰성에 의문을 제기했습니다. 예를 들면 친구 어머니가 2002년에 미국 영화를 보았다는 이유로 공개처형 되었다는 등의 신뢰성이 떨어진다는 증언을 비롯해 그녀의 증언이 그때그때 조금씩 달라진다는 것입니다.[13]

특히 미국은 자신과 적대적인 국가의 인권 문제를 국제 사회에서 부각시키고 자신들이 주도하는 고립정책과 전쟁을 정당화해 왔습니다. 그래서 저는 북한 인권문제에 대한 보도나 증언이 얼마나 신빙성이 있는지 의문을 가져야 한다고 생각합니다.

하세 임금(한유미): 저는 거짓 증언 문제는 소수의 문제라고 생각했고요. 미국이 말하는 인권 문제에 대한 신뢰도는 양미화 하늘님과 제가 생각하는 관점

---

12) 〈선을 넘어 생각한다.〉 (박한식 / 부키) 90쪽
13) 위의 책과 동일

이 너무 다른 것 같습니다. 저는 미국이 세계의 평화를 수호하는 경찰국가로서 역할을 하고 있다고 생각하거든요.

의견이 다른 하늘님 안에서 술렁이는데요 서로 다른 의견을 경청하고 질문하는 동안 지금까지 모두 훌륭하게 잘 해오셨습니다. 또 청문할 분 계신가요?
없으면 한유미 임금님의 의견에 동의하는 분들은 말발권을 실어주십시오. 이재윤 임금님에게 실어주었던 말발권을 회수해서 다른 임금님에게 말발권을 주어도 됩니다.

김향미 하늘님이 하세를 하여 임금님이 되려나 본데, 어떤 의견인지 들어보겠습니다.

하세 임금(김향미) : 저는 먼저 한유미 하늘님의 의견과 180도 다른 방안을 제시하려 합니다. 북한 붕괴라는 것이 과연 가능한 것인가 의문을 가질 필요가 있다고 생각합니다. 이미 미국도 공화당은 말할 것도 없고, 민주당의 오바마도 북의 붕괴를 전제하고 '전략적 인내'라는 정책으로 대화와 교류 없이 긴장과 갈등을 지속시켜 왔습니다. 김일성 주석이 사망한 1994년에도 3.3.3붕괴설이 있었지요. 그러나 그로부터 20년이 넘었고 지도자가 두 번이나 바뀌었지만 북 사회는 건재해 보입니다. 독일 통일의 경우, 동독의 사회주의 집권 세력이 민심을 잃는 과정이 분명하게 보였고 경제적 침체를 극복하지 못해 서독의 마르크화로의 통일까지 단행했습니다. 그러나 북은 동독과 달라 보여요. 동독과 같이 북의 붕괴를 기다리는 것은 비현실적일 뿐만 아니라 집권 세력의 고립을 유도했다가는 한반도의 긴장은 더 격화될 수 있습니다. 일단 현 집권 세력과 긴장을 완화하고 교류 협력하는 과정을 통해 통일을 만들어 가는 것이 필요하다고 생각합니다. 당장 하나의 국가로 합치자가 아니라 통일 국가의 상 또한 남과 북이 합의해서 만들어 가자는 것입니다.

네 김향미 임금님 가운데 자리 앉아주시고요. 청문할 하늘님 계십니까?

청문(정재훈) : 현재 UN에서는 강력한 대북제재를 진행 중인 것으로 알고 있습니다. 이 상황 속에서 남북의 교류협력이 가능할까요?

하세 임금의 답(김향미) : 먼저 한반도 긴장완화를 위해서는 북미 관계가 적대관계에서 상대방을 인정하는 관계로 전환하는 것도 필수 요소라 생각합니다. 두 나라의 관계가 그렇게 전환되면 제재도 자연스럽게 해결될 거라 생각합니다. 그러나 한편으로 두 나라 관계만 바라보고 수동적으로 있지 말고 남북의 교류협력으로 북미 간의 관계 전환을 우리가 주동적으로 만들어 가는 것도 필요하다고 생각합니다.

3단계

또 김향미 임금님에게 청문할 하늘님 계신가요? 없다면 김향미 임금님 의견에 동의하는 하늘님은 말발권을 김향미 임금님에게 실어주십시오. 앞에서와 마찬가지로 다른 임금님에게 주었던 말발권을 회수하여 김향미 임금님에게 실어주어도 됩니다.

더 하세할 하늘님 없으시면 혹시 임금님 중 선양할 임금님은 계실까요? 이재윤 임금님이 선양을 하고 싶다고 손을 들었군요.

하세 임금(이재윤) : 네 두 개의 나라로 그냥 가자고 했는데 김향미 임금님의 의견이 제 이야기를 포함하면서 통일 방안으로 더 좋을 것 같아서 선양하고 싶습니다.

이재윤 임금님에게 말발권을 실어주었던 하늘님들도 동의하십니까? 동의하지 않는 분은 말발권을 회수하셔도 됩니다. 모두 동의했으니 이재윤 임금님이 받은 말발권은 모두 김향미 임금님이 가져가시고요. 임금님들은 자신들이 받은 말발권이 모두 몇 장인지 세어주세요.

그럼 최종집계 하겠습니다. 한유미 임금님 말발권 23장, 김향미 임금님 52장으로 결과가 나왔습니다. 그럼 하세묵청의 시간을 갖겠습니다. 더 하세할 의견이 있으신 분은 의견을 주시기 바랍니다. 1분 정도 하세묵청 하며 기다리겠습니다. (1분간 하세묵청)

더 이상의 하세가 없으므로 이제 마음을 모으고 다지는 시간을 갖겠습니다. 우리 학급이 화백회의로 토론한 통일 방안은, 당장 하나의 국가로 합치는 것이 아니라 지금의 대결 체제를 평화적 체제로 전환하면서 통일 국가의 상 또한 남과 북이 합의해서 만들어 가자는 것입니다. 이 의견에 공감하거나 동의하지 않는 분들도 계실 것입니다. 하지만 화백회의의 취지와 가장 많은 의견을 지닌 하늘님들의 의견을 존중하여 한마음 한뜻으로 결정을 실천하고 시행하는데 마음을 함께 하겠다는 마음의 만장일치, 만인의 의견일치 정신을 다짐하는 시간입니다. 잠시 1분 정도 묵상하시고 한 걸음으로 함께 나아가주시기 바랍니다. 다 같이 묵상.

다 같이 마음을 모았으니 이상으로 통일방안에 대한 화백회의를 마칩니다.

3) 통일 코리아 만들기

통일되면 '대통령은 어떻게 정해요?', '국기는 어떻게 해요?', '나라 이름은요?' 학생들에게 통일을 상상해 보라고 하면 쏟아지는 질문들입니다. 지금 그것이 어떻게 되고, 무엇이 될 거라고 그 누구도 장담할 수 없지요. 그렇다면 이 질문을 다시 학생들에게 해보는 건 어떨까요? 질문에 학생들의 아이디어로 답을 만들어보도록 하는 것입니다. 각 모둠이 통일 준비위원회가 되어서 통일 국가의 상징, 지도자 등을 정해 보는 것입니다. 아이들은 북을 잘 모릅니다. 접해본 적도 없고, 정보도 없습니다. 그래서 지도자, 국기, 국화도 우리 것으로 정하자는 이야기가 쉽게 나올 수 있습니다. 그러나 대화의 상대방을 고려하지 않는 '나' 위주의 사고방식으로 통일을 준비할 수는 없겠지요. 남과 북이 모두 만족할 수 있는 방법을 찾아보면 어떨까요?

👉 활동은 이렇게

1. 각 모둠이 '남북 통일준비위원회'가 됩니다. 남북 공동의 통일준비위원이기 때문에 모둠 안에서 남측 대표단, 북측 대표단으로 나누어 토론을 진행합니다.

2. 모둠별로 국가 이름, 국기, 국화, 지도자, 수도 중 1개의 주제를 정합니다.

3. 모둠별로 나누어 주는 참고 자료(블로그 자료실 참조)에서 남, 북, 다른 나라의 사례들을 참고합니다.

4. 모둠별로 구조화된 토론 활동지(153쪽 도표 참조)를 바탕으로 토론을 진행합니다.

5. 남과 북 모두가 만족할 수 있는 결과를 만듭니다.

6. 모둠별 발표와 함께 질의, 응답 시간을 갖습니다.

1단계

각 모둠은 '남북 통일 준비위원회'가 됩니다. 그리고 모둠 안에서 '남북 통일 준비위원회'의 남측 대표단, 북측 대표단을 정합니다. 물론, 북측 대표단을 선뜻 하겠다는 친구들은 없고요. 정 어려우면 가위바위보의 방식을 빌려 각각 역할을 나누도록 합니다. 그리고 토론의 원칙인 '남북 모두가 만족할 수 있는 결과를 만들도록 한다.'를 강조합니다. 남측 대표단을 맡은 친구는 북측의 입장을 고려해야 하는 과제를, 북측 대표단을 맡은 친구는 한 번도 생각해 보지 못한 북측의 입장에서 의견을 내놓아야 합니다. 그러나 북측의 입장이라는 걸 잘 모르는 상태에서 북측 대표 역할을 한다는 것은 쉬운 일은 아니에요. 여기에서 초점은, 북측의 입장을 완벽하게 이해하는 것이 아니라 남측의 입장만 생각하지 말자는 것입니다.

2단계

각자의 역할을 정한 후에는 모둠별로 국가 이름, 국기, 국화, 지도자, 수도 중 토론 주제를 하나 선택합니다. 모둠별 주제가 정해지면 주제에 해당하는 자료를 나눠줍니다. 가령, 우리 역사에서 각 나라들의 이름은 어떤 의미였는지, 남, 북의 국기, 그 밖의 다른 나라들의 국기는 어떤 의미가 있는지 등을 참고하면 토론의 결과가 더 풍부해집니다.

국화 관련 자료

1. 국화란?
 - 한 나라를 상징하는 꽃

2. 남북의 국화

국가	국화	사진
남한	무궁화(법령으로 정해지지 않았지만 통념상 국화)	
북한	함박꽃나무(북한에선 목란이라고 부른다. 목란은 나무에서 피는 난이란 뜻이다.)	

3. 각 나라의 국화

국가	국화	사진	국가	국화	사진
독일	튤립		베트남	연꽃	
영국	장미		페루	해바라기	

4. 다양한 꽃말

꽃	꽃말	사진	꽃	꽃말	사진
개나리	희망		엉겅퀴	독립	
루드베키아	영원한 행복		해바라기	동경, 숭배	
버베나	단결, 화합		아르메리아	배려	
데이지	평화		목마가렛	자유	

국기 관련 자료

1. 태극기
① 유래
- 1882년 박영효가 고종의 명을 받아 일본에 가면서 '태극4괘 도안'의 기를 만들어 사용했다는 기록이 있다.
- 1948년 8월 15일 대한민국 정부가 수립되면서 태극기 제작법을 통일할 필요성이 커짐에 따라 1949년 10월 15일 [국기제작법고시]를 통해 국기 제작 방법을 확정 발표하였다.

② 태극기에 담긴 뜻
- 흰색 바탕 : 밝음과 순수, 평화를 사랑하는 민족성
- 태극 문양 : 음(파란)과 양(빨강)의 조화를 상징
- 4괘 : 건(하늘), 곤(땅), 감(물), 이(불)

2. 홍람오각별기(공화국기)
① 유래
- 1948년 7월 10일 인민회의 제5차 회의에서 홍람오각별기(공화국기)를 시험 게양한 뒤 1948년 9월 9일 조선민주주의인민공화국 정부 수립하면서 공식화 했다.

② 공화국기에 담긴 뜻
- 빨강 : 공산주의 투쟁을 위한 혁명 정신
- 붉은 별 : 공산주의 사회 건설
- 별의 흰 색 바탕 : 음양사상
- 파랑 : 평화에 대한 국민의 희망
- 흰색 : 광명

3. 프랑스 국기
① 유래 : '프랑스 대혁명' 때부터 세가지 색을 섞은 삼색기가 화합을 의미하는 것으로 사용되었다.
② 국기에 담긴 뜻 : 파랑은 자유, 하양은 평등, 빨강은 박애를 상징

4. 캄보디아 국기
① 유래
- 현재의 국기는 캄보디아 왕국 시절이었던 1948년부터 1970년까지 사용되었던 국기를 1993년에 다시 채택했다.

② 국기에 담긴 뜻
- 파랑색 : 평화롭고 자연 자원 및 문화적 자원이 풍부한 나라라는 뜻
- 빨간색 : 국가를 지키기 위하여 캄보디아인들이 용맹스럽게 희생한다는 뜻
- 흰색 앙코르와트 : 캄보디아의 조상이 위대하고 문명이 영광스러웠다는 뜻으로 크메르인을 깨닫게 하고 계속 노력하라는 뜻

(국가 이름, 수도, 지도자 참고자료는 경기평화교육센터 블로그에 탑재되어 있습니다.)

3단계

각 나라의 국기, 국화의 의미 등 주어진 자료를 아무리 봐도 막막해 하는 친구들이 있습니다. 이럴 땐 토론 활동지(아래 도표)가 토론의 방향을 잡도록 도울 수 있습니다. 만약 통일 코리아의 국기를 우리 모둠이 정한다면,

1. 태극기와 공화국기의 의미가 무엇인지 알아보기
2. 통일코리아의 국기에 꼭 들어가야 하는 내용을 정하기
3. 그 내용을 상징할 색깔, 도형 등을 정하기

   와 같이 단계별로 토론할 수 있도록 도와줍니다.

구조화된 토론 활동지

주제	1단계 →	2단계 →	3단계
국화	남과 북의 국화는 무엇일까요?	국화의 의미를 만들어 보세요	국화와 꽃말을 만들어 보세요
국기	태극기와 공화국기의 의미는 무엇일까요?	통일코리아의 국기에 꼭 들어가야 할 내용은 무엇일까요?	통일코리아 국기에 꼭 들어가야 할 내용을 상징할 수 있는 도형이나 색은 무엇일까요?
지도자	다른 나라의 지도자 선출 방법은 무엇일까요?	지도자를 뽑는 방법으로 가장 좋은 것은 무엇일까요?	지도자는 어떤 인성과 능력을 가져야 할까요?
국가 이름	대한민국과 조선민주주의 인민공화국의 뜻은 무엇일까요?	통일코리아의 국가 이름에 꼭 들어가야 하는 내용은 무엇일까요?	
수도	수도를 정하는 가장 중요한 기준은 무엇일까요?	통일코리아 수도 후보지를 세 개 정합니다.	정한 수도의 장점은 무엇일까요?

4단계

아이들은 보통 남북의 국가명, 국기, 국화는 반반씩 합치려고 하고, 수도는 한반도 지도를 자로 잰 후 그 중간을 정하는 등 어찌 보면 손쉬운 결과를 도출

하려 합니다. 모둠의 주제를 정하기 전에 단순히 남북의 것을 합치는 것 말고 새로운 걸 창조해보자고 제안하고 새로운 아이디어를 격려하면 어디에서도 볼 수 없는 자신들만의 아이디어로 통일 코리아의 상징을 만들어냅니다.

통일 코리아의 국화

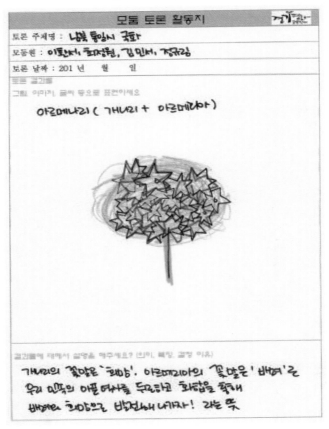

개나리(꽃말 희망)와 아르메리아(꽃말 배려)를 합성한 꽃 '아르메나리'.

아직 지구상에 존재하지 않는 꽃이지만 아이들은 '우리 민족의 아픈 역사를 뒤로 하고 화합을 통해 배려와 희망으로 발전해 나가자'는 의미로 국화를 만들었습니다. 개나리의 꽃잎에 아르메리아의 색을 입힌 아르메나리를 보면 아이들은 '배려'와 '희망'을 통일코리아의 중요한 가치로 생각한다는 것을 알 수 있습니다.

〈통일 코리아의 국기〉

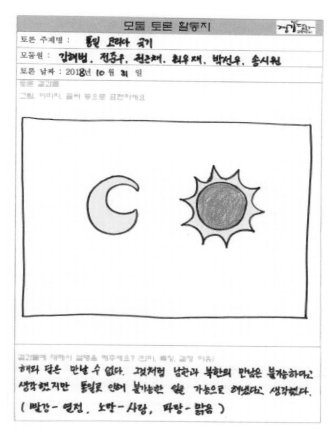

이 모둠은 만날 수 없을 것 같은 달과 해가 만나듯, 불가능할 것 같은 남북의 통일을 이뤄냈기에 그것을 상징하는 국기를 만들었습니다. 달과 해가 만나는 것처럼 남북의 통일을 어렵게, 아니 불가능하게 느끼는 것은 이 학생들만은 아

니겠지요. 그리고 국기의 색에서 빨강은 열정을, 노랑은 사랑을, 파랑은 맑음을 표현했습니다. 아이들은 남과 북이 '열정'을 가지고 서로를 '사랑'하면서 이루어지는 통일의 미래는 '맑다'고 생각했습니다.

5단계

발표 후 서로의 결과물을 보고 궁금한 것들을 물어보는 시간을 갖습니다. 모둠별로 충분히 공유가 되었으면 통일이 쉬울 것 같은지? 남과 북이 통일 방법을 합의한 적이 있는지? 등을 물어 봅니다. 학생들 대부분은 합의한 적이 없을 것이라고 대답을 합니다. 그럴 때 2000년 6월 15일에 김대중 전 대통령과 김정일 전 국방위원장이 최초로 합의한 '6.15 남북 공동선언' 2항에 대해 설명을 해줍니다.

남북이 최초로 합의한 통일 방안 '6.15남북공동선언' 2항

제도와 사상이 다른 남북의 통일은 상상하기 무척 어렵습니다. 우리가 통일이라고 하면, 하나의 제도와 사상으로 통합하는 과정을 떠올리기 때문입니다. 그러나 적대적 체제를 해체하고 평화와 화해로 가는 길이 통일이라고 한다면 불가능하게만 느껴지지 않겠죠.

이미 남북은 두 정상이 최초로 만나 합의한 '6.15남북공동선언' 2항에서 통일 방안에 대해 이야기를 나눴는데요.

"남과 북은 나라의 통일을 위한 남측의 연합제 안과 북측의 낮은 단계의 연방제 안이 서로 공통성이 있다고 인정하고 앞으로 이 방향에서 통일을 지향시켜 나가기로 하였다."

(2000년 6.15남북공동선언 2항)

그러면 연합제 안은 무엇이며, 낮은 단계 연방제 안은 또 뭘까요? 단어 자체도 생소하고 어렵게 느껴집니다. 이럴 때, 학생들과 남북의 통일방안을 비교해 볼 수 있습니다.

남측의 통일방안 중 2단계인 남북연합 단계와 북측의 낮은 단계의 연방제안을 단순하게 보면 4개의 구성 요소 중, 국가를 1국가로 하느냐, 2국가로 하느냐만 다를 뿐입니다.

남과 북 어떻게 통일할까?

민족공동체통일방안	고려연방제통일방안
연합제 방식	연방제 방식
1민족 2국가 2정부 2체제	1민족 1국가 2정부 2체제

남북의 통일방안 비교

그럼 먼저 남측 정부의 공식 통일방안인 '민족공동체통일방안'을 알아보겠습니다.

'민족공동체통일방안'은 '화해협력 - 남북연합 - 통일국가' 단계로 점진적으로 통일을 추구합니다.

화해협력	남북한이 서로의 실체를 인정하고 적대·대립 관계를 공존·공영의 관계로 바꾸기 위한 다각적인 교류 협력 추진
남북연합	남북 간 체제의 차이와 이질성을 감안, 경제·사회공동체를 형성·발전시키는 남북 연합을 과도체제로 설정(2체제, 2정부) ① 남북정상회의(최고결정기구) ② 남북각료회의(집행기구) ③ 남북평의회(대의기구/100명 내외 남북 동수 대표) ④ 공동사무처(지원기구/상주연락대표 파견)
통일국가	① 남북평의회에서 통일헌법 초안 마련 ② 민주적 방법과 절차를 거쳐 통일헌법 확정·공포 ③ 통일헌법에 의한 민주적 총선거 실시 ④ 통일정부와 통일국회 구성(1국가 1체제 1정부)

통일부 홈페이지 -민족공동체통일방안(1994년)

북측의 통일방안은 '고려연방제통일방안'으로, 최종적으로 1정부 1체제의 통일국가를 완성하자는 남측과 다르게 2정부, 2체제를 유지하며 1국가를 구성하는 것입니다. 다만 국가에서 가장 중요한 권한인 '군사권'과 '외교권'을 가진 연방정부는 남북이 동등하게 참여하는 수로 구성을 합니다. 그 밑에 남북이 동등한 권한과 의무를 가진 남측, 북측 지역자치제를 실시하자는 것입니다.

남북이 6.15공동선언 2항에서 합의한 것은 남측의 3단계 통일방안 중, 2단계인 연합단계와 고려연방제통일방안의 낮은 단계(남북의 현 정부가 정치, 군사, 외교권을 비롯한 현재의 기능과 권한을 그대로 보유한 채 그 위에 민족통일기구를 구성하는 것)입니다. 위의 비교표에서 알 수 있듯, 명칭만 다를 뿐 내용은 비슷해 보이지요?

연방과 연합의 차이는 미 연방과 유럽연합(EU) 비교로 설명해줄 수 있습니다. 미 연방의 경우, '외교권'과 '군사권'은 연방정부가 가지고 있고 각 주마다 '법과 제도'는 차이가 있습니다. 물론, 북에서 말하는 연방은 자본주의 제도로 하나의 경제체제를 가지고 있는 미국과는 다르게 사회주의와 자본주의의 공존을 말하는 것이지만요.

유럽연합의 경우, 각 국가의 독립성은 존재하지만 화폐(유로화)를 통합하고 국가 간 이동을 자유롭게(셍겐조약) 하고 있습니다. 또한 유럽에서의 중요한 문제는 유럽의회에서 함께 논의하고 결정합니다. 이는 남측의 연합제안과 꽤 비슷한 모습입니다. 남북연합은 그 단계로 완결되는 것이 아니라 통일 과정의 한 단계로, 하나의 통일 국가로 가는 과도기적 단계이지요.

결국, 6.15공동선언 2항이 통일방안에 대해 합의한 것은 오랜 시간이 걸리더라도 점진적이고 단계적으로 통일하자는 것입니다. 임동원 전 통일부 장관의 회고록 〈피스메이커〉에, 김정일 전 국방위원장과 김대중 전 대통령이 나눈 대화 중, 최종적인 통일에 필요한 시간 이야기가 있습니다. 당시 김대중 전 대통령은 10~20년이 필요하다고 생각했지만 김정일 전 국방위원장은 40~50년은 필요할 거라고 이야기를 했습니다.[14]

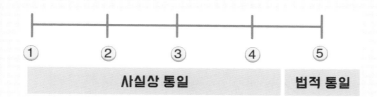

과정으로서의 통일을 설명하는데 사용하는 이미지

흔히들 통일(統一)이라고 하면 '나누어진 것을 합쳐서 하나로 만든다.'는 의미 때문에 1국가, 1정부, 1체제가 되는 것을 생각합니다. 그래서 통일을 5단계로 가정할 때 모든 것이 하나가 되는 5번 단계를 '법적통일'이라고 부릅니다. 그럼

---

14) 〈피스메이커〉 (임동원 / 창비)

갑자기 '법적통일'이 찾아온다면 어떻게 될까요? 남북은 70여년의 분단으로 체제, 생활방식 등 많은 부분이 달라졌습니다. 그것을 갑자기 하나로 만들어야 한다면 어떤 일들이 생겨날까요?

통일은 '결과'보다 '과정'이 더 중요합니다. 위의 그래프에서 1~4번까지의 구간을 말합니다. 1~4번의 구간에서는 남북의 화해, 만남, 협력, 공동 번영을 만들어가는 절차이고 서로를 적대하지 않는 것입니다. 이처럼 '바람직한 법적통일'은 수많은 대화와 교류가 시작되고 평화가 정착이 되어야지만 가능해집니다. 그래서 통일은 '결과로서의 통일'보다 '과정으로서의 통일' 이 중요합니다. 그리고 '과정으로서의 통일'을 '사실상 통일'이라고 합니다. 지금은 통일(統一)보다 통이(通異)가 필요할 때입니다. 통이(通異)의 한자는 통할 '통', 다를 '이' 입니다. 즉 서로 다른 것들이 소통하는 상태가 필요한 것입니다. 통이(通異)가 곧 과정으로서의 통일이지 않을까요?

남과 북이 서로를 대화와 협력의 대상으로 보고 분단체제를 유지하던 법과 제도를 바꿔나가기 시작하고, 만남과 교류로 분단 체제를 허물어 간다면 '사실상의 통일' 중이라고 할 수 있겠지요. 법·제도적으로 완벽한 통일 상태가 아니어도 북의 학교와 자매결연을 맺고 함께 소풍을 가고 공통 수업을 들을 수 있는 여건이 만들어진다면 그것 또한 통일의 일부분이라는 것입니다.

그럼 현재의 일상에서는 '사실상의 통일'을 무엇으로 시작을 할까요? 분단체제를 당연한 것으로 받아들이는 것이 아니라, 낯설게 바라보는 것. 혹은 관심을 갖는 것부터라고 하면 어떨까요?

통일 국가의 상은 아직 합의를 보지 못했지만 '이렇게 다른데 어떻게 통일을 하나?'가 아니라 '우리 많이 달라도 비슷한 게 있으니 노력해보자.'라며 합의한 내용이 6.15공동선언 2항입니다. 남북의 정상이 서로의 다름을 인정하고 존중하는 것이 무엇인지 상징적으로 보여 준 것이지요.

6.15공동선언 2항을 구체적으로 이해하기 위해서는 남북의 통일 방안에 대해 아는 것이 필요하지만, 그 해설이 모두 어려울 경우에는 핵심 가치만 잘 전달되어도 성공한 통일 수업이 될 것입니다. '다름을 이해하고 존중하는 태도', '공통점을 찾고 그 안에서 통일을 지향시켜 나가는 것' 말입니다.

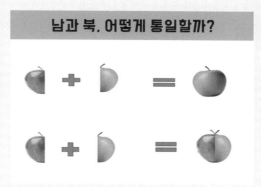

통일 코리아의 모습 상상하기

위의 그림과 같이 사과 이미지를 활용해서, 남북이 합의한 통일 코리아의 모습을 상상해 볼 수 있습니다. 서로 다른 색깔의 사과 반쪽이 만나 하나가 된다면 같은 색깔이어야 한다는 것은 우리의 고정관념일 수 있다는 것이에요. 남북의 통일은 지금까지 존재하지 않은 상상력이 필요합니다. 그 상상력을 잘 발휘한다면 '가장 늦은 통일을 가장 멋진 통일'로 만들 수 있겠지요.

통일 코리아 만들기는, 남북이 함께 지향해 나갈 가치와 그것을 담을 상징을 생각해 보는 활동입니다. 학생들이 통일 국가의 지향과 가치까지 심사숙고하면 더 없이 좋은 활동이지만 그렇지 못하더라도 통일은 북측의 주민들도 만족하게 해야 하는 과정이라는 것을 생각해 볼 수 있다면 성과 있는 활동이겠죠. 그저 정치인들이 만나고 관념 속에서 문화와 제도가 통합되는 것이 아니라 우리의 삶에서 만남이 확장되고 새로운 가치를 모색하는 것이 통일의 과정일 테니까요. 나아가 통일의 과정에 대해 알아본다면, 갑작스러운 통일이 동반하는 혼란과 갈등에 대한 걱정도 줄어들 것입니다.

긍정적인 학생들은 "통일하면 다시 정해야 할 게 많아서 귀찮다고 생각했는데, 우리가 함께 정해보면 재미있을 것 같아요.", "북한 사람들과 많이 의논해야겠네요."라고 말합니다.

남북의 통일은, 같은 역사를 가진 민족의 통합 이상의 과정일 것입니다. 하나로의 복귀가 아니라 새로운 미래를 만드는 창조라 해도 과언이 아닙니다. 그 창조의 과정을 어렵고 복잡하게만 생각하는 것이 아니라 새것을 만드는 즐거운 과정으로, 우리가 지향하는 가치를 다시 생각하는 의미 있는 과정으로 느낄 수 있도록 한다면 통일이 걱정되고 귀찮은 일만은 아닐 것입니다.

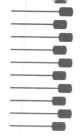
 읽을거리 : 다른 나라의 통일 사례와 교훈

1. 베트남(1975년) : 무력 통일

◎ **분단과정**

1885년-1945년 프랑스 식민 통치, 1945년 3월 일본 점령의 역사를 겪은 베트남 국민들은 2차 세계대전 후 일본의 패배로 해방을 맞이했다고 생각합니다. 그러나 1945년 7월 포츠담 회담에서 중국과 영국 군대가 일본군 무장 해제를 위해 투입하면서 분단이 시작됩니다. 영국이 철수한 후 프랑스가 베트남을 점령하려 하자 이에 반대하며 호치민을 필두로 무력 투쟁을 합니다. 1945년부터 1953년까지 베트남과 프랑스의 전쟁은 지속됩니다. 1954년 제네바 회담에서 베트남이 휴전을 제안하면서 베트남 17도선 이북은 월맹(호치민과 사회주의 정부)이, 이남은 프랑스가 분할 점령하고 2년 이내에 총선거를 실시하여 통일국가를 수립하기로 합의합니다. 그러나 이를 어기고 베트남 이남에서 총선을 실시하여 고딘디엠 정부를 탄생시킵니다.

◎ **통일과정**

프랑스의 식민지 시절부터 부유한 엘리트였던 고딘디엠 정부는 베트남 민심에 맞지 않는 인물로 평가됩니다. 부패와 무능에, 자신들을 반대하는 모든 세력을 가혹하게 탄압합니다. 이로 인해 남베트남에서 저항이 일어났고 북베트남이 그것을 지원합니다. 공산권의 확산을 두려워했던 미국이 1964년 통킹만 사건을 조작하여 전쟁에 개입하게 됩니다. 전쟁이 장기화되면서 미국을 비롯한 전 세계에서 반전 여론이 거세지고 결국 1973년 1월 파리에서 평화협정이 체결됩니다. 그해 3월 미군이 모두 철수합니다. 1975년 4월 30일 북베트남군대가 사이공을 함락하며 무력 통일을 이루게 되어 1976년 베트남 사회주의공화국이 선포됩니다.

◎ 통일 후의 교훈

당시 남베트남 고딘디엠 정부에 대한 불만이 높았다고 하나 결국 폭력적 수단으로 통일을 이루었기에 전쟁의 상처와 고통은 국민들의 몫이 됩니다. 제네바 회담으로 분단이 된 1954년부터 전쟁으로 통일을 한 1975년까지 20년의 분단 기간은 우리보다 짧고 통일은 빠르게 되었을지 몰라도 남과 북의 갈등이 아직도 심하다고 합니다. 물리적 수단으로 통일이 되어도 마음의 통일을 이룰 수는 없습니다.

베트남 전쟁으로 베트남인 3백만 명이 사망하고 고엽제 등의 피해로 2백만 명이 장애를 가지게 되었다고 합니다. 한국군에 의한 민간인 학살은 공식적 사과 없이 제대로 밝혀지지 못하고 있습니다.

베트남전 후유증은 베트남에만 존재하는 것이 아닙니다. 베트남에 참전했던 미군, 한국 등 여러 나라의 군인들이 외상 후 스트레스 장애를 겪으며 일상생활에 잘 적응하지 못한 이야기는 영화로도 많이 소개되었습니다. 미군의 경우 58,220명이 전사하였고, 15만 명 이상이 부상당했습니다. 그 가운데 21,000명은 장애를 갖게 되었다고 합니다. 한국군은 5,000명의 사망자가 발생했으며 참전군인 중 2만여 명이 고엽제 등으로 인한 후유증을 앓고 있습니다.

이 어마어마한 숫자로만 봐도 전쟁은 얻는 것보다 잃는 것이 더 많은 수단입니다.

◎ 베트남 통일과정에서 있었던 전쟁의 참혹함을 담은 책&영화 :

〈그대 아직 살아있다면〉 (반레 / 실천문학사)

〈전쟁의 슬픔〉 (바오 닌 / 아시아)

〈전쟁의 기억, 기억의 전쟁〉 (김현아 / 책갈피)

〈플래툰〉 올리버 스톤 감독 / 1986년 작품

2. 독일(1990년) : 흡수 통일

◎ 분단과정

2차 세계대전 전범국으로 독일의 전쟁 재발 방지를 위해 분할 점령을 시작합니다.

전쟁 중 1945년 7월 포츠담 회담에서 미·영·소는 독일에 대한 비나치화, 비군사화, 비중앙집권화, 비산업화를 핵심 내용으로 하는 정책을 합의합니다. 이를 위해 독일의 영토는 미, 영, 프, 소에 의해 분할되었고, 베를린 또한 4개로 분할되었습니다. 그 후 소련의 팽창 정책에 대한 서방의 견제, 미국의 원자탄에 대한 소련의 경계 등 냉전의 시작과 함께 독일 분할 점령은 분단국가 수립으로 이어집니다. 1949년 9월 13일 독일연방공화국(서독)이 수립되고 같은 해 10월 10일 독일민주주의인민공화국(동독)을 수립하면서 분단국가 독일을 공식화 합니다.

◎ 통일과정

독일통일하면 베를린 장벽 앞에 모였던 수많은 시민들이 장벽을 부수는 이미지를 많이 떠올립니다(1989년 11월 9일). 실제 독일통일은 독일민주주의인민공화국(동독)에 있는 주(州)들이 독일연방공화국(서독)에 가입하는 형식으로 이루어졌습니다. 서독 빌리브란트 수상의 신동방정책(1969년)에 따라 서독과 동독의 교류·협력이 20년 동안 진행되는 과정에서 동독 주민들의 민주주의와 자유에 대한 요구가 높아지고 동독 정부에 대한 불신이 높아졌습니다. 결국, 동독 주민 총선거(1990년)에서 점진적 통일방안을 지지하는 정당보다 서독으로 즉각 흡수되는 통일 방안을 추구하는 정당이 더 많이 득표합니다. 그렇게 구성된 동독 의회는 동독이 서독에 흡수되는 흡수통일(로타어 드 메지에르 동독 총리가 제안)에 동의하고 독일의 점령국(미, 영, 프, 소)과 함께 독일관련 최종해결에 관한 조약 (2+4 협상)을 조인하면서 1990년 10월 3일 공식적으로 통일되었습니다.

◎ 통일 후의 교훈

2차 세계 대전 패전국으로 미국, 영국, 프랑스, 소련의 관리 하에 있던 독일은 통일을 통해, 독립적인 국가로 서게 됩니다. 현재 EU의 의장 국가로서 역할을 할 만큼 국가의 경쟁력과 영향력이 높아진 것은 모두 통일이 아니었다면 불가능했을 것입니다.

그러나 통일 과정에 대한 평가는 냉정할 필요가 있습니다. 사회주의였던 동독이 자본주의인 서독의 체제로 흡수되면서 동독이 가지고 있던 모든 생활 방식과 자격이 부정되었습니다. 또한 동서독은 경제통합도 빠르게 진행되었습니다. 그로 인해 동서독의 경제적 격차를 줄이기 위한 많은 사회적 비용을 세금으로 부담하게 됩니다. 20년간 3,000조 원이 들었다고 추산합니다. 그럼에도 현재 동서독의 경제력은 약 30% 차이가 납니다. 이렇듯 하나의 체제로의 갑작스런 통일은 많은 비용을 발생시켰고 서로를 오씨(Ossi 가난하고 게으른 동독놈들), 베씨(Wessi 거만하고 역겨운 서독놈들)라고 부르며 비난하는 사회적 갈등을 증폭시켰습니다.

여전히 동독주민은 경제적 격차로 인해 2등 국민으로 전락했다는 박탈감을 갖고 있습니다. 분단의 장벽은 허물어졌지만 마음속의 장벽은 여전히 남아있습니다.

◎ 독일 통일 과정과 통일 후의 이야기를 담은 책&영화 :
〈머릿속의 장벽〉 (김누리 편저 / 한울아카데미)
〈슬픈 짐승〉 (모니카 마론 / 문학동네)
〈굿바이 레닌〉 볼프강 베커 감독 / 2003년 작품

3. 오스트리아 : 좌우합작 통일
◎ 분단과정
오스트리아는 1938년 3월 히틀러에 의해 독일 제3제국의 일원으로 전쟁에 끌려들어갔다가 패전국의 오명을 쓰고 독일과 같이 전범국이 되어 미국, 영국, 프랑스, 소련에 의해 4개로 분단됩니다.

◎ 통일과정

오스트리아는 1945년 4월 좌우합작 임시정부를 구성하고 그 해 11월 총선을 통해 연립정부를 수립합니다. 1947년 1월 초대 대통령인 칼 레너는 스위스식 영세중립화 방안을 제안합니다. 이유는 미소 냉전이 격화되면서 오스트리아가 통일을 할 수 있는 방법으로 좌우 어느 쪽에도 치우치지 않는 영세중립국이 적합하다고 판단했기 때문입니다. 오스트리아의 끊임없는 요구로 1952년 이 문제를 유엔에 상정합니다. 1955년 5월 15일 '독립적이고 민주적인 오스트리아의 재건을 위한 조약'은 4강(미, 영, 프, 소)에 의해 서명되고 같은 해 6월 1일 오스트리아 의회는 '모스크바 각서'대로 영세 중립국임을 선포합니다. 그 해 10월 25일 4강의 분할 점령군들이 모두 철수하면서 통일을 하게 됩니다.

◎ 통일과정의 교훈

오스트리아의 내부 분열은 1934년 사회주의 세력과 카톨릭계 보수 세력의 충돌로 내전을 겪을 만큼 심각했습니다. 하지만 통일을 위해 좌우를 넘어 단결했기에 가능한 일이었습니다. 임시정부의 대통령 칼 레너는 사회주의자이지만 정파와 견해의 차이를 떠나 중립화 통일방안을 중심으로 다양한 정치세력의 지지를 이끌어냅니다. 오스트리아 지도자들의 명석한 국제정세 판단력, 좌우의 견해 차이를 뛰어 넘는 협력과 단결이 크게 작용했습니다. 또한 미국과 소련의 냉전체제 속에서 영세중립국의 지위는 양측의 타협을 얻어내기에 유리했습니다. 결국 10년 간의 노력 끝에 1955년 통일독립 국가를 완성합니다.

4. 중국-대만 관계 : 교류협력 방식

◎ 분단과정

　중국과 대만의 분단은 이데올로기의 차이로 발생했습니다. 1937년~1945년 일제와 싸우기 위해 장제스의 국민당과 마오쩌둥의 공산당이 함께 연대했습니다. 이것을 국공합작이라고 합니다. 그러나 1945년 일제 패망 후 국공합작이 깨지면서 내전이 시작됩니다. 이후, 1949년 중국 본토에서는 공산당이 주도한 '중화인민공화국'이 세워지고 국민당은 패하여 타이완 섬에서 '중화민국'을 수립하면서 분단이 시작됩니다.

◎ 통일과정

　중국-대만은 현재 완벽한 통일을 이룬 것은 아닙니다. 그러나 과정으로서의 통일로 본다면 우리보다 앞서 있고 많은 것을 이루어낸 것이 사실입니다.

　1949년 이후 양안관계는 장기간의 정치적 대립으로 정부 간 공식적인 접촉은 없었습니다. 그러나 2007년 후진타오 주석이 양안관계의 6대원칙[15]을 발표하고 이에 대해 2008년 마잉주(馬英九) 총통이 3불 원칙[16]으로 화답하면서 중국과 대만관계는 급물살을 타게 됩니다. 이후 3통(통상(通商), 통항(通航), 통우(通郵))의 전면적 실현(2008. 11)과 경제협력기본협정(ECFA) 체결(2010. 6) 및 안정적인 양안관계 유지를 강조하는 마잉주의 재선 성공(2012. 1) 등을 계기로 양안관계는 한 단계 높은 수준의 교류협력 단계에 진입했습니다. 이에 따라 2008년 7월 본토인의 전면적인 여행자유화가 단행되었습니다. 현재(2015년) 매년 관광객 800만 명

---

15) 양안교류 6대원칙(2007년) : 중국의 후진타오 주석은 중국과 대만의 교류 6대 원칙을 발표한다.
　　△양안간 통일은 영토의 재조정이 아니며 △양안이 종합적인 경제협력 관계를 형성하기 희망하고 △대만의 독립은 불가하며 △민진당과 '독립'포기를 전제로 교류를 넓히고 △대만의 합리적인 대외협력에 협조하며 △군사교류 시스템의 구축을 적극 검토하겠다
16) 3불 원칙(불통, 불독, 불무)은 중국을 통일하지 않고(不統), 독립을 시도하지 않고(不獨), 무력을 사용하지 않는 다(不武)이다.

이 서로 방문하고 양국 유학생 400만 명이 교류 중입니다. 중국에 진출한 대만 기업이 8만여 개로 경제교류 또한 활성화되고 있습니다. 중국-대만 결혼이 가능해져 30만 쌍이 혼인을 했고 매주 840여 편의 항공편이 중국-대만 항로를 이용하고 있습니다.[17]

◎ 통일과정의 교훈

첫 번째는 '민간교류의 중요성'입니다.

1981년 중국이 대만에 이산가족 상봉을 제의함으로써 중국인의 대만 방문이 원칙적으로 가능하게 되었습니다. 대만 역시 인도주의적 차원에서 1987년 10월 14일 대륙 친척 방문을 공식 허용합니다. 이 조치는 사실상의 대륙여행 자유화였으며 이에 따라 대만동포의 중국대륙 방문은 갈수록 증가했고, 이는 민간차원의 다양한 교류로 이어지게 되었으며 2008년 양안관계가 급물살을 탈 수 있는 밑거름이 됩니다. 하지만, 현재 남과 북은 이산가족 상봉도 쉽지 않으며, 민간차원의 교류 협력도 끊어져 있는 상태입니다.

두 번째는 '정경분리의 원칙'입니다.

중국과 대만 정부는 정치, 군사적으로 대립하는 상황에서도 경제교류의 문을 닫지 않았습니다. 남북의 정치 · 군사적 갈등으로 닫혀 버린 개성공단, 금강산 · 개성 관광이 짧게는 5년, 길게는 12년이 되도록 열지 못하는 상황에서 주요하게 봐야할 교훈점입니다. 양안관계의 바탕이 된 왕구회담(1993년)에서 확인한 '분리되면 서로 손해고, 합치면 서로 이익이다'(分則兩害, 合則兩利)라는 말은 남북관계에도 유효합니다.

세 번째는 '두 체제의 공존 가능성'입니다.

사회주의를 표방하는 중국과 자본주의 국가인 대만은 체제가 다르지만 하나의

---

7) 6.15 부럽다더니 중국과 타이완 결혼 30만쌍 넘어, 오마이뉴스, 2017.12.14

중화를 표방하면서 교류, 협력을 확대하고 있습니다. 남과 북도 통일을 지향하는 과정에서 두 체제가 평화적으로 교류, 협력할 수 있는 가능성을 찾을 수 있습니다.

위의 사례와 함께 분단 유지에 대해서도 구체적으로 이야기 나눠 볼 필요가 있습니다.

대한민국의 국방비 예산은 이미 2016년에 40조 원을 훌쩍 넘어 2005년 20조 원의 두 배가 넘었고, 2020년부터 50조 원이 넘는다고 합니다. 국가 예산에서 차지하는 국방비 비율이 10%를 넘고 GDP대비 3%에 달합니다. 만약 한반도 평화체제가 4.27 판문점 선언에서 표현한대로 항구적이고 공고하게 구축된다면 통일한 독일과 같이 GDP대비 1.2%가 될 수 있을 것입니다.

남북대결의 역사 동안 남북은 적지 않은 돈을 무기 개발 및 수입으로 써왔습니다. 64만 명의 남측 군인과 120만 명의 북측 군인. 젊은 청춘들이 짧게는 2년 길게는 10년의 시간을 군대에서 보낼 수밖에 없습니다.

경제적 손해보다 더 큰 문제는 분단체제의 내면화입니다. 전쟁이 끝나지 않았음에도 전쟁을 인식하지 못하고, 가고 싶은 곳을 가지 못하고 만나고 싶은 사람을 만나지 못하는 것을 당연하게 받아들이는 것입니다. 반도국가라면 육로로 대륙의 다른 나라를 갈 수 있어야 함에도 그렇게 하지 못하는 것에 어떤 의심도 하지 않는, 비정상을 비정상으로 보지 못하는 우리의 의식이 문제인거죠.

통일의 방법을 모색하는 과정에서 중요한 것은 시각과 관점입니다. 대화와 협력을 통한 점진적 통일의 과정에서도 남측 사회를 중심으로 하는 사고와 시각으로 북을 바라보는 것은 아닌지 스스로에게 되물어야 할 것입니다. 결국, 통일의 방법에 대한 토론은 북을 타도의 대상을 볼 것인가, 교화의 대상으로 볼 것인가, 아니면 대화의 상대로 볼 것인가로 마무리할 수 있습니다.

5장 그 밖의 활동

그 외에도 센터에서 진행했던 수업 중에 활용하시면
좋을 활동들이 있어 소개하려 합니다.
지면 관계상 자세히 싣지는 못하지만 도움이 되었으면 합니다.

1) 손바닥 토크

이 활동은 손바닥 토크를 활용한 활동입니다. 수업에서 느낀 점, 새롭게 배웠던 점, 기존의 알고 있었던 내용, 기억에 남는 내용 등을 손바닥을 그린 뒤 손가락에 한 개씩 적어가는 활동입니다.

활동은 이렇게

1. A4용지에 손바닥을 대고 손모양을 그립니다.
2. 손바닥에는 이름을 적고 각 손가락에 해당 질문을 보여줍니다.
   ※ 예시 : 엄지 - 수업에서 느낀 점
   　　　　　검지 - 알고 있던 통일의 장점
   　　　　　중지 - 새롭게 알게 된 통일의 장점
   　　　　　약지 - 통일의 걱정거리
   　　　　　소지 - 해결된 통일의 걱정거리
3. 적은 내용을 발표합니다.

활동의 의미

기존의 알고 있던 내용과 새롭게 알게 된 내용을 비교해보는 활동으로 통일에 대한 생각을 정리해보는 활동입니다. 구체적인 통일의 장점을 통해서 그 동안 걱정되었던 통일의 단점 중 해결되었던 것은 무엇인지 확인 해 볼 수 있습니다. 예를 들어 숫자로 나오던 통일비용은 숫자로 표시된 북측의 지하자원 매장량과 남북의 경제교류를 통해 해소시킬 수 있습니다. 약지의 질문인 '통일의 걱정거리'와 소지의 질문인 '해결된 통일의 걱정거리'를 통해 학생 스스로 통일의 단점을 충분히 장점으로 변화시킬 수 있다는 점을 확인 해 봄으로써 통일에 대한 생각을 긍정적으로 변화시킬 수 있습니다. 또한 해결이 안 된 통일의 걱정거리는 다른 학생들의 의견을 통해 해결하거나 토론을 통해 해결해 볼 수 있습니다.

새롭게 알게
된 통일의 장점

통일의 걱정

알고있던
통일의 장점

해결된
통일의 걱정

수업의
느낀 점

김연아

2) 통일 나무 만들기

　이 활동은 통일의 나무를 만들어 가는 활동입니다. 칠판에 나무를 그리고 통일로 생기게 될 혜택을 열매로 표현해서 나무를 완성해 가는 방법입니다.

활동은 이렇게

1. 칠판에 나무를 그립니다.
2. 통일의 혜택에 관한 내용을 포스트잇에 적고 칠판에 붙입니다.
3. 뿌리 부분엔 통일에 꼭 필요한 가치를 적으면 좋습니다.

활동의 의미

　이 활동은 그동안 배웠던 내용 중 통일의 혜택에 관한 내용을 나무의 열매로 표현해보는 활동입니다. 통일은 우리에게 어떤 혜택이 생기는지 수업에 나온 내용을 적어도 되고 수업에 나온 내용을 바탕으로 상상을 해서 적어도 됩니다. 함께 통일의 혜택을 열매로 표현해 나무에 붙임으로써 통일에 대해 긍정적인 생각을 가질 수 있습니다.

　열매만 붙이는 활동이 아닌 뿌리도 만들어 볼 수 있습니다. 나무에 열매가 잘 자라기 위해선 뿌리가 가장 중요한데 뿌리 부분엔 통일에 꼭 필요한 가치를 적어서 붙이는 활동으로 나무를 완성해도 됩니다. 완성된 나무는 우리 반에서 생각하는 통일의 가치와 통일의 혜택을 한눈에 파악 할 수 있습니다.

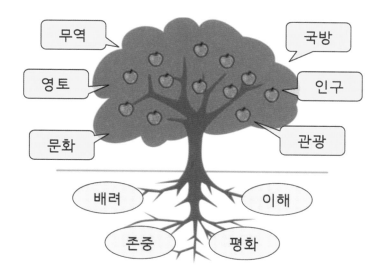

통일나무 사진

3) 통일의 꽃을 피워요

평화통일 수업 후 평화통일에 대한 마음을 꽃 그림으로 표현하여 한반도 지도에 붙이는 활동 프로그램입니다.

활동은 이렇게

1. 평화·통일교육 후 평화통일에 대한 마음을 둥근 색종이에 꽃으로 표현합니다.
2. 꽃 그림에 평화통일에 대한 자신의 생각, 마음을 글로 표현합니다.
3. 학생이 가져온 꽃그림을 +모양으로 접어서 꽃그림이 오목하게 만들어 줍니다.
4. 꽃 그림을 하나씩 한반도 지도에 풀로 붙여서 한반도를 꽃으로 장식합니다.
5. 한반도 꽃 그림을 가지고 반 전체가 인증샷을 찍습니다.

활동의 의미

평화·통일교육 후 평화통일에 대한 감수성이 높아졌을 때 그 마음을 통일꽃 그림으로 표현합니다. 초등 1~2학년에게 평화와 통일에 대한 인식을 글로 교육하기 보다는 감수성을 높이는 활동 프로그램으로 진행하는 것이 좋습니다. 학생들이 통일 꽃그림을 그릴 때 단어, 느낌을 글로 삽입하면 더 좋습니다. 통일의 꽃 그리기를 통해 평화와 통일에 대한 감수성이 높아질 것입니다.

4) 협상 게임

　주어진 퍼즐로, 각자 자신만의 정사각형을 완성하고 모둠 구성원이 모두 각자의 정사각형을 완성해야 하는 활동입니다. 나에게 필요한 퍼즐이 다른 친구에게 있지만 내 것보다 친구에게 필요한 것을 먼저 찾을 수 있어야 모둠이 함께 완성할 수 있습니다. 활동에 앞서 소통과 협상의 의미를 알아보고 이것을 체험하면 머리로만 이해하는 것이 아니라 그 의미를 체득할 수 있을 것입니다.

활동은 이렇게

1. 모둠별로 퍼즐 조각들을 나눠줍니다. 퍼즐 조각 중 개인당 3조각씩 무작위로 가져갑니다.
   (개인당 완성하는 정사각형의 크기는 같지만 퍼즐 모양이 각기 다릅니다.)
2. 세 조각의 퍼즐은 다른 친구들의 것과 섞여 있어 자기 것으로만 퍼즐을 완성할 수 없습니다.
3. 퍼즐을 완성하면 모두 같은 크기의 정사각형이 되지만, 각 정사각형마다 잘라낸 조각의 모양이 다르기 때문에 내가 가지고 있는 조각의 모양만 봐서는 퍼즐 완성이 어렵습니다.
4. 1단계(1~2분)에서는 대화를 나눌 수 없습니다. 침묵 속에서 활동을 진행합니다. 퍼즐 조각은 다른 친구의 것은 가져오지 못하고 나의 것만 줄 수 있습니다.
5. 2단계(1~2분)에서는 다른 친구의 것(나에게 필요한 것)을 가져올 수 있습니다. 그러나 여전히 대화는 못합니다. 침묵 속에서 진행해야 합니다.
6. 1,2단계에서 사각형을 맞추는 것은 당연히 어렵습니다. 일정한 시간이 지나고 3단계에서는 대화할 수 있도록 조건을 바꿔줍니다.
7. 3단계, 말을 할 수 있는 상황이 되어서야 학생들은 퍼즐을 맞추기 시작합니다.
8. 퍼즐 완성 후, 빨리 맞춘 모둠에게는 어떻게 빨리 맞출 수 있었는지, 늦게 맞춘 모둠에게는 협상이 잘 되지 않은 이유 등 이야기를 나누며 협상과 소통의 의미를 정리해줍니다.

활동의 의미

이 활동은 나의 사각형을 완성하기 위해서는 다른 친구들도 완성해야 가능한 조건입니다. 나의 것을 먼저 완성하려고 하면 불가능하며 서로에게 도움을 주려고 해야 빠르게 퍼즐을 완성할 수 있습니다. 나에게 부족한 것과 상대방에게 필요한 것을 동시에 살필 줄 알아야 합니다. 이 활동으로 공동의 목표를 이루기 위해 상대를 협력의 파트너로 인정하고 서로 도움이 되는 결과를 만들어가는 소통과 협상의 법칙을 배웁니다. 남북 관계도 마찬가지입니다. 내 것을 먼저 챙기려고 하거나 상대방에게 필요한 것이 무엇인지 관심조차 없다면 협력의 파트너가 될 수 없습니다. 북측을 나와 함께 성공해야 하는 동반자로 인정하지 않고 체제 경쟁을 통해 이겨야 할 상대로만 본다면, 혹은 불신의 대상으로만 본다면 통일 코리아는 요원한 일이며, 갈등과 대결의 분위기로 가는 것은 뻔한 일입니다.

활동사진

5) 통일 코리아 헌법 1조 만들기

〈통일 코리아 만들기〉와 같은 의미의 활동입니다. '통일 코리아 만들기'가 주로 이미지로 통일코리아의 이상과 가치를 표현한다면 '통일 코리아 헌법 1조 만들기'는 좀 더 구체적이고 논리적인 문장 형태로 표현하는 활동입니다.

활동은 이렇게

1. 각 나라의 헌법 1조는 무엇인지 알아봅니다.
2. 활동지를 통해 각 나라 헌법이 내세우는 가치가 무엇인지 정리해 봅니다
3. 모둠별로 가장 좋은 헌법(속에 들어 있는 가치)이 무엇인지 3개를 정합니다.
4. 통일 코리아의 헌법 1조에는 어떤 내용이 들어가야 할지 토론합니다.
5. 헌법 1조 문구를 완성합니다.

§ 대한민국 헌법 제1조
① 대한민국은 민주공화국이다.
② 대한민국의 주권은 국민에게 있고, 모든 권력은 국민으로부터 나온다.

§ 조선민주주의인민공화국 헌법 제1조
조선민주주의인민공화국은 전체 조선인민의 리익을 대표하는 자주적인 사회주의 국가이다.

§ 일본 헌법 제1조
천황은 일본국의 상징이며, 일본 국민 통합의 상징으로서, 그 지위는 주권이 소재하는 일본 국민의 총의에 기초한다.

§ 중국 헌법 제1조
중화인민공화국은 노동 계급이 지도하고 노농동맹을 기초로 하는 인민민주주의 독재의 사회주의 국가이다. 사회주의 제도는 중화인민공화국의 근본제도이다. 어떠한 조직 또는 개인은 이 사회주의제도를 금지시킬 수 없다.

§ 미국 수정 헌법 제1조
연방 의회는 국교를 정하거나 또는 자유로운 신앙 행위를 금지하는 법률을 제정할 수 없다. 또한 언론, 출판의 자유나 국민이 평화로이 집회할 수 있는 권리 및 불만사항의 구제를 위하여 정부에게 청원할 수 있는 권리를 제한하는 법률을 제정할 수 없다.

§ 독일 기본법 제1조
(1) 인간의 존엄성은 훼손할 수 없다. 인간의 존엄성을 존중하고 보호하는 것은 모든 국가권력의 책무이다.
(2) 이에 독일 국민은 세상의 모든 인간공동체와 평화 및 정의의 기초로서의 불가침이고 불가양인 인권에 대해 확신하는 바이다.
(3) 이하의 기본권은 직접 효력을 가지는 법으로서, 입법과 집행권력 및 사법을 구속한다.

§ 몽골 헌법 제1조
(1) 몽골은 독립된 자주 공화국이다.
(2) 국가 활동의 근본 목적은 민주주의, 정의, 자유, 평등, 국가 화합과 법의 존중의 보장이다.

§ 브라질 헌법 제1조
해체할 수 없는, 주와 지방자치단체의 연합으로 결성된 브라질 연방 공화국은 합법적인 민주주의 국가이며, 다음 사항에 기초한다.
1. 주권 / 2. 시민권 / 3. 인간의 존엄성 / 4. 노동의 사회적 가치와 자유 경제 / 5. 정치적 다원주의

통일 코리아 헌법 1조 만들기 토론 활동지

( )학교 ( )학년 ( )반 모둠원 :

토론 순서	토론 내용	
1단계	참고 자료에서 각 나라의 헌법에 반영된 가치가 무엇인지 적어봅시다.	
	대한민국	
	조선민주주의 인민공화국	
	일본	
	중국	
	미국	
	독일	
	몽골	
	브라질	
2단계	1단계에서 정리한 내용으로 우리 모둠에서 가장 좋다고 생각하는 헌법 세 가지를 찾아서 정해봅시다.	
3단계	통일 코리아에서 추구해야 할 가치는 무엇인지 이야기 나눠봅시다.	
4단계	3단계의 내용을 반영해서 통일 코리아 헌법 1조 문구를 만들어봅시다.	

활동의 의미

헌법 1조는 각 나라의 지향과 원칙을 담고 있습니다. 그 국가의 정체성을 드러내는 것입니다. 통일 코리아의 헌법 1조 만들기 활동을 통해 통일 코리아가 지향해야 할 가치가 무엇인지, 통일국가의 원칙은 무엇이어야 할지 생각하고 토론하는 활동입니다. 여기에서 유의할 것은 사상과 제도가 다른 남북이 공통적으로 지향할 가치, 모두가 합의할 수 있는 가치를 원칙으로 세우는 일입니다.

참고자료 – 각 나라의 헌법 1조

▶ **대한민국 헌법 제1조**

1. 대한민국은 민주공화국이다.
2. 대한민국의 주권은 국민에게 있고, 모든 권력은 국민으로부터 나온다.

▶ **조선민주주의인민공화국 사회주의 헌법**

조문 1장 1조 조선민주주의인민공화국은 전체 조선인민의 리익을 대표하는 자주적인 사회주의국가이다.

▶ **미국 수정헌법 제1조**

연방 의회는 국교를 정하거나 또는 자유로운 신앙 행위를 금지하는 법률을 제정할 수 없다. 또한 언론, 출판의 자유나 국민이 평화로이 집회할 수 있는 권리 및 불만 사항의 구제를 위하여 정부에게 청원할 수 있는 권리를 제한하는 법률을 제정할 수 없다.

▶ **일본 헌법 제1조**

천황은 일본국의 상징이며, 일본 국민 통합의 상징으로서, 그 지위는 주권이 소재하는 일본 국민의 총의에 기초한다.

▶ **중국 헌법 제1조**

제1조 ① 중화인민공화국은 노동 계급이 지도하고 노농동맹을 기초로 하는 인민 민주주의 독재의 사회주의 국가이다.
② 사회주의 제도는 중화인민공화국의 근본제도이다. 어떠한 조직이나 개인이 사회주의 제도를 파괴하는 것을 금지한다.

▶ 독일기본법 1조

1. 인간의 존엄성은 훼손할 수 없다. 인간의 존엄성을 존중하고 보호하는 것은 모든 국가권력의 책무이다.

2. 이에 독일 국민은 세상의 모든 인간 공동체와 평화 및 정의의 기초로서 불가침이고 불가양인 인권에 대해 확신하는 바이다.

3. 이하의 기본권은 직접 효력을 가지는 법으로서, 입법과 집행권력 및 사법을 구속한다.

▶ 몽골 헌법 제1조

1. 몽골은 독립된 자주 공화국이다.

2. 국가 활동의 근본 목적은 민주주의, 정의, 자유, 평등 국가 화합과 존중의 보장이다.

▶ 브라질 헌법 제1조

해체할 수 없는, 주와 지방자치단체의 연합으로 결성된 브라질 연방 공화국은 합법적인 민주주의 국가이며, 다음 사항에 기초한다.

1. 주권

2. 시민권

3. 인간의 존엄성

4. 노동의 사회적 가치와 자유 경제

5. 정치적 다원주의

6) 남북공동선언문 퀴즈만들기

이미 남북이 합의한 약속들, 공동선언문의 내용만 봐도 이것을 잘 지켜나가면 평화와 통일을 한 단계씩 만들어갈 수 있다는 것을 알 수 있습니다. 학생들이 직접 공동선언문에서 중요한 내용을 찾아보고 그것을 퀴즈로 만들고 맞히는 활동을 통해 선언문을 깊이 이해할 수 있습니다.

활동은 이렇게

1. 남북공동선언문을 읽고 선언문과 관련된 퀴즈를 모둠별로 3문제를 만듭니다.
2. 모둠별로 퀴즈를 내고 다른 모둠이 맞히는 활동입니다.
3. 문제를 가장 많이 맞힌 모둠과 문제를 못 맞히게(어렵게) 한 모둠이 승리입니다.
4. 남북공동선언문의 중요한 단어, 문장을 활동지에 적습니다.

남북 공동 선언문으로 질문 만들기

질문1)
답 :
질문2)
답 :
질문3)
답 :
질문4)
답 :

활동의 의미

  '어떻게 통일할까?'에 대한 질문에 남북은 이미 기초적인 답을 마련해 두었습니다. 2000년 6.15공동선언 2항(남과 북은 나라의 통일을 위한 남측의 연합제안과 북측의 낮은 단계 연방제안이 서로 공통성이 있다고 인정하고 앞으로 이 방향에서 통일을 지향시켜 나가기로 하였다.)에서 남과 북은 서로의 다름을 인정하고 존중하며 그 토대 위에서 통일을 만들어가자고 약속했습니다.

  통일은 어느 날 갑자기 이루어지는 것이 아니라 남과 북이 완전한 평화의 단계로 가기 위해 하나씩 약속을 실천하는 과정이라는 것을 알 때, 통일에 대한 두려움과 걱정도 줄어들 수 있습니다. 공동선언문 퀴즈 활동은 공동선언문의 주요 내용을 보면서, 남북이 어떻게 화해하고 평화를 만들어 가는지 이해하는 것을 돕습니다. 간단하게 공동선언문을 읽어볼 수 있겠지만 학생들이 좀 더 적극적으로 의미를 해석하도록 퀴즈와 중요 문장 찾기 등을 적용할 수 있습니다.

7) 평화의 시 짓기

　　수업에서 다양한 활동과 강의를 통해 느꼈던 평화의 가치를 자신의 언어로 정리해보는 활동입니다. 통일과 평화에 대한 생각과 느낌을 한 문장으로 만들어 수렴하는 것입니다.

활동은 이렇게

1. 개인별 '평화'의 문장을 만들어 봅니다.
2. 개인별 '평화'의 문장을 모아 모둠별 '평화의 시'를 만듭니다.
3. 모둠별 '평화의 시'를 교실 앞으로 모아 '우리 반 평화의 시'로 완성합니다.

활동의 의미

　　이 활동은 평화의 의미를 구체적인 생활의 모습으로 끌어내 보는 활동입니다. 평화통일 수업 후, 자신이 생각하는 평화의 의미를 표현함으로 나의 일상에서, 삶에서 중요한 가치임을 생각하고 느끼도록 돕습니다. 그러한 평화의 태도가 있어야 남과 북이 만날 수 있고 통일이 만들어질 수 있으니까요. 평화통일 수업에 대해 각자 느끼고 생각하는 것을 한 문장으로 표현하면서 학습의 전이 과정을 도울 수도 있습니다. 또 각자 다르게 쓴 평화의 의미가 모여서 '시' 작품이 되는 과정은 우리 안의 다양성이 모일 때 더 아름다운 창조물이 나올 수 있음을 확인시켜 줍니다. 모두가 동일한 의미로 정의 내릴 때보다 각자 다른 표현이 시를 만들 듯 남과 북도 다른 면이 있으나 그 차이가 만날 때, 시너지가 생길 수 있음을 생각해 봅니다.

평화란 걱정없이 잠들수있고 맘편히 먹을수 있는 것이다.

평화는 나혼자 생각 하는 것이 아닌 함께 하는 것이다.

평화는 사람의 도덕심

평화란 내 권리가 지켜지는 것.

평화는 모두가 진실된 행복을 느낄때야.

평화는 모두가 위협 받지 않는 거야.

평화는 모두가 살아있어서 행복하다고 느낄 수 있는거야.

평화는 웃을 수 있는 거야

8) STOP, KEEP, START

　　평화와 통일을 만들어 가는 과정에서 나의 사고, 생활 등을 성찰하고 앞으로의 실천을 다짐하는 활동입니다. 수업의 마무리로 내가 가지고 있던 편견이나 부정적인 감정은 멈추고(STOP) 긍정적인 생각은 유지하면서(KEEP) 새롭게 실천하거나 노력할 사항(START)을 정리해봅니다.

활동은 이렇게

1. 활동지 각 항목에 적어야 할 내용을 설명해 줍니다.
2. 통일에 대해 내가 가지고 있던 부정적인 생각, 행동들은 무엇이 있었는지 의견을 들어봅니다.
3. 통일에 대해 내가 가지고 있던 긍정적인 생각, 행동들은 무엇이 있었는지 의견을 들어봅니다.
4. 평화와 통일을 위해 모두에게 필요한 실천 과제에는 무엇이 있을지 의견을 들어봅니다.
5. 쉽게 S.K.S를 찾지 못한다면 사례를 제시해 주면서 찾아보도록 합니다.

활동의 의미

　　통일교육에서 학습의 전이는 어떻게 만들 수 있을까요? 통일에 대한 긍정적인 관점, 그것을 기대하는 마음도 교육의 효과가 될 수 있습니다. 한발 더 나아가, 내가 가지고 있던 편견을 버리고 평화와 통일을 위해 내가 할 수 있는 일을 찾는다면 적극적 전이가 이루어진다고 할 수 있습니다. 평화통일 수업 후, 좀 더 직접적으로 학생들이 자신이 가지고 있던 분단 체제적 사고를 바라보고 바꿔나갈 수 있도록 하는 활동입니다. 그리고 평화통일로 가는 길에 필요한 가치와 실천이 무엇이 있는지 자신의 행동으로 만들 수 있는 것을 생각하도록 합니다.

교실에서 만나는
평화·통일교육 24가지 방법

초판 1쇄 발행   2020년   6월 15일 발행
2쇄 발행   2020년 11월 23일 발행
3쇄 발행   2021년   5월 24일 발행

지은이	경기평화교육센터 / 김세진, 안영욱, 이성주, 이효정
펴낸곳	한결하늘
펴낸이	유덕열
기획 및 편집	유덕열
출판등록	제2015-000012호
주소	경기도 안산시 단원구 선삼로4길 11 (101호)
전화	031-8044-2869
팩스	031-8084-2860
이메일	ydyull@hanmail.net

ISBN   979-11-88342-13-6

이 도서의 국립중앙도서관 출판예정도서목록(CIP)은 서지정보유통지원시스템 홈페이지
(http://seoji.nl.go.kr)와 국가 자료 공동 목록 시 스 템(http://www.nl.go.kr/kolisnet)에 서
이용하실 수 있습니다.